ACCESO GRATIS *a la Lectura en la Nube*

Para visualizar el libro electrónico en la nube de lectura envíe junto a su nombre y apellidos una fotografía del código de barras situado en la contraportada del libro y otra del ticket de compra a la dirección:

ebooktirant@tirant.com

En un máximo de 72 horas laborables le enviaremos el código de acceso con sus instrucciones.

SINGULARIDADES FISCALES Y TERRITORIALES DE ESPAÑA EN EL MARCO DE LA UNIÓN EUROPEA

TIRANT TRIBUTARIO

Procedimiento de selección de originales, ver página web:

www.tirant.net/index.php/editorial/procedimiento-de-seleccion-de-originales

SINGULARIDADES FISCALES Y TERRITORIALES DE ESPAÑA EN EL MARCO DE LA UNIÓN EUROPEA

JOSÉ MARÍA PÉREZ ZÚÑIGA
Profesor Titular de Derecho Financiero y Tributario de la Universidad de Granada

tirant lo blanch
Valencia, 2025

En caso de erratas y actualizaciones, la Editorial Tirant lo Blanch publicará la pertinente corrección en la página web www.tirant.com.

La presente obra ha sido sometida a la revisión de pares ciegos según el protocolo de publicación de la editorial a efectos de ofrecer el rigor y calidad correspondiente tanto en su contenido como en su forma, aplicándose los criterios específicos aprobados por la Comisión Nacional E 016 (BOE núm. 286, de 26 de noviembre de 2016).

© TIRANT LO BLANCH
EDITA: TIRANT LO BLANCH
C/ Artes Gráficas, 14 - 46010 - Valencia
TELFS.: 96/361 00 48 - 50
FAX: 96/369 41 51
Email:tlb@tirant.com
www.tirant.com
Librería virtual: www.tirant.es
DEPÓSITO LEGAL: V-1114-2025
ISBN: 978-84-1095-648-3

Si tiene alguna queja o sugerencia, envíenos un mail a: *atencioncliente@tirant.com*. En caso de no ser atendida su sugerencia, por favor, lea en *www.tirant.net/index.php/empresa/politicas-de-empresa* nuestro Procedimiento de quejas.

Responsabilidad Social Corporativa: http://www.tirant.net/Docs/RSCTirant.pdf

ÍNDICE

ABREVIATURAS MÁS UTILIZADAS

BOE: Boletín Oficial del Estado.

CCAA: Comunidades Autónomas.

CCLL: Corporaciones Locales.

CB: Constitución de Bélgica.

CE: Constitución Española.

CPFYF: Consejo de Política Fiscal y Financiera.

CRF: Constitución de la República Francesa.

CRI: Constitución de la República de Italia.

CRP: Constitución de la República Portuguesa.

FBF: Fondo Básico de Financiación.

FCF: Fondo Complementario de Financiación.

FGSPF: Fondo de Garantía de los Servicios Públicos Fundamentales.

FJ: Fundamento Jurídico.

IIEE: Impuestos Especiales.

IP: Impuesto sobre el Patrimonio.

IRPF: Impuesto sobre la Renta de las Personas Físicas.

IS: Impuesto sobre Sociedades.

ISD: Impuesto sobre Sucesiones y Donaciones.

ITPAYJD: Impuesto sobre Transmisiones Patrimoniales y Actos Jurídicos Documentados.

IVA: Impuesto sobre el Valor Añadido.

LFRFA: Ley Fundamental de la República Federal de Alemania.

LOFCA: Ley Orgánica de financiación de las Comunidades Autónomas.

LSFCACEA: Ley 22/2009, de 18 de diciembre, por la que se regula el sistema de financiación de las Comunidades Autónomas de

	régimen común y Ciudades con Estatuto de Autonomía y se modifican determinadas normas tributarias.
PTU:	Países y Territorios de Ultramar.
RUP:	Regiones Ultraperiféricas.
ss.:	Siguientes.
STC:	Sentencia del Tribunal Constitucional.
TC:	Tribunal Constitucional.
TRLRHL:	Texto Refundido de la Ley Reguladora de las Haciendas Locales.
UE:	Unión Europea.

1. INTRODUCCIÓN[1]

En España, a mucha gente le sorprende que se hable de nación de naciones o de monarquía plurinacional, pero son términos más comunes en nuestra historia y en nuestra literatura de lo que puede parecer a primera vista. Forman parte de ese conjunto de temas que actualmente no se abordan sin algún tipo de censura o autocensura, como transición, monarquía, dictadura y guerra civil, y que demuestran la fragilidad de nuestra aún joven democracia. También es verdad que, en nombre de la democracia, se han utilizado y mezclado conceptos y pervertido su sentido por causas finalistas, conceptos como autogobierno, derecho a decidir, autodeterminación, respeto a las minorías, condiciones de la democracia, que en muchos casos escapan a la idea de democracia misma. Y nación y nacionalidad, claro, en según qué contextos vacíos de contenido. Desde otro punto de vista, el de los derechos humanos, "toda frontera es una anomalía moral: haber nacido del lado malo, una circunstancia puramente azarosa, ajena a méritos o esfuerzos, otorga un desigual acceso a derechos, libertades y bienestar"[2]. Al parecer, algunos de los problemas que ha tenido nuestro Estado siguen enquistados, y no somos capaces de reconocer y aceptar las diferencias del otro.

Sin embargo, casi nadie duda ya de las bondades de nuestra pertenencia a la Unión Europea (UE), que tiene entre sus lemas fundamentales la unidad desde la diversidad, y que recoge en sus tratados fundacionales el reconocimiento de los hechos diferenciales y las singularidades políticas y fiscales de algunos territorios españoles que, por cierto, no se encuentran solamente en el continente europeo, caso de Canarias, que tiene el estatus de región ultraperiférica[3], o de Ceuta y Melilla. Tanto estas islas como las Ciudades Autónomas (que, al contrario que Canarias, no forman parte de la Unión Aduanera) quedan fuera del ámbito de aplicación de un impuesto netamente europeo como es el Impuesto

---

1 Este trabajo se enmarca en el Proyecto de investigación PID2022-139078OB-I00. EL DERECHO FINANCIERO Y TRIBUTARIO ANTE EL RETO DEMOGRÁFICO: ENVEJECIMIENTO, DESPOBLACIÓN Y POBLACIÓN FLOTANTE.

2 Ovejero, F., *Secesionismo y democracia*, Página Indómita, Barcelona, 2021.

3 Según el artículo 349 del Tratado de Funcionamiento de la UE (TFUE), las regiones ultraperiféricas son: Guadalupe, la Guayana Francesa, Martinica, la Reunión, San Bartolomé, San Martín, las Azores, Madeira y las islas Canarias.

sobre el Valor Añadido (IVA)[4], pero también otros territorios como la Isla de Helgoland y el territorio de Büsingen, en Alemania; Livigno, Campione d'Italia y las aguas nacionales del lago de Lugano en Italia; Monte Athos, en Grecia; y las islas Aland en la República de Finlandia.

Y también en Francia, un país tradicionalmente considerado centralista y que ha evolucionado hacia a descentralización en los últimos años, hay territorios con estatus jurídico especial a nivel regional (como Córcega o la Isla de Francia (París), a los que hay que sumar las cinco regiones de ultramar que tienen el estatus de regiones ultraperiféricas de la Unión Europea. Así, podemos distinguir los departamentos y regiones de ultramar (Guayana Francesa, Guadalupe, Martinica, Mayotte, Reunión) y colectividades de ultramar, que tienen sus propias leyes estatuarias: Polinesia Francesa, San Bartolomé (que no forma parte de la Unión Europea, sino que tiene el estatus de país o territorio de ultramar asociado a la Unión Europea), San Martín, San Pedro y Miquelón, Wallis y Futuna, Nueva Caledonia.

Por tanto, el territorio como tal no ha sido un elemento definidor de la construcción europea, que no se está realizando sobre la base geográfica, sino sobre condiciones jurídico-políticas[5], y prueba de ello es que los territorios de la UE o vinculados a ella jurídica o políticamente no sólo se encuentran en el continente europeo, sino también en el resto de los continentes.

Pero, volviendo a España, hay que recordar que dentro del marco constitucional actual hay territorios con un estatus jurídico propio, tanto desde el punto de vista de sus instituciones como, fundamentalmente, desde el punto de vista fiscal. Así podríamos distinguir entre las comunidades autónomas (CCAA) de régimen común; los territorios forales, País Vasco y Navarra, con Convenio y Concierto propios pactados con el Estado, y cuyo poder político se articula en las diputaciones forales (Disposición Adicional Primera CE); las Islas Canarias (Disposición Adicional Tercera CE), con un impuesto indirecto propio, el Impuesto General Indirecto Canario (IGIC), fuera del territorio de aplicación del IVA, dentro de la Unión Aduanera, pero con el estatus de región ultraperiférica

---

4 En Canarias se aplica el Impuesto General Indirecto Canario (IGIC), y en Ceuta y Melilla el Impuesto sobre la Producción, los Servicios y la Importación (IPSI), impuestos indirectos similares al IVA, aunque con tipos más reducidos.

5 Pérez Miras, A., "La dimensión territorial de la Unión Europea: una premisa para su construcción jurídica", en *Constitución e integración europea (forma política, gobernanza económica, organización territorial*, Dykinson, Madrid, 2017, pág. 230.

en la Unión Europea (artículo 349 TFUE) y con una organización político-administrativa propia, los cabildos (a los que habría que sumar los consejos insulares de las Islas Baleares); y las ciudades autónomas de Ceuta y Melilla (Disposición Transitoria Quinta CE), que sin dejar de ser administraciones locales participan del régimen autonómico, tienen también un impuesto indirecto propio, el Impuesto a la Producción, los Servicios y la Importación (IPSI), no son territorio de aplicación del IVA ni forman parte de la Unión Aduanera, aunque no tienen el carácter de región ultraperiférica.

Es decir, dentro de la Constitución española de 1978 ya están reconocidas las singularidades territoriales de una manera específica. Y la voluntad política diferencial, esto es, el deseo de recibir un trato diferente de otras CCAA por parte de País Vasco y Cataluña puede encontrar cauces democráticos en nuestra Constitución. Por otra parte, las constituciones no son normas rígidas, aunque prevean —como es el caso de la española— procedimientos cualificados para su reforma[6], y siendo la expresión del pacto político de un Estado, debe reflejar toda la diversidad de la sociedad que la sustenta.

En palabras de Ortega y Gasset, "es preciso que nos acostumbremos a entender toda unidad nacional no como una coexistencia inerte, sino como un sistema dinámico. Tan esencial es para su mantenimiento la fuerza central como la fuerza de dispersión"[7]. Es un argumento que nos vale para hablar de la evolución del Estado autonómico, donde la negociación con los nacionalismos históricos ha determinado la paulatina cesión de competencias y recursos a todas las comunidades autónomas, y también de la propia Unión Europea, donde los intereses contrapuestos de los Estados se han convertido en un revulsivo para la acción política, que ha ampliado el campo de sus objetivos para que los países miembros caminen en una sola dirección.

---

6 La Constitución francesa que, como a española, exige un procedimiento de los denominados rígidos, con una mayoría cualificada, ha sido reformada veinticuatro veces en los últimos años, frente a la española, que sólo lo ha sido en tres ocasiones, en 1992 (añadiendo el derecho de sufragio pasivo en el artículo 13.2), en 2011 (añadiendo el concepto de estabilidad presupuestaria en el artículo 135, siguiendo las directrices europeas, que no exigían, sin embargo, una reforma constitucional) y en 2024 (con una nueva redacción del artículo 49, donde se sustituye el término "disminuidos" por "personas con discapacidad").

7 Ortega y Gasset, J., *España invertebrada y otros ensayos*, Madrid, Alianza Editorial, 2014 (1931), pág. 40.

2. SINGULARIDADES FISCALES Y TERRITORIALES EN LA UNIÓN EUROPEA

Dentro de los países de la Unión Europa hay distintos modelos de organización territorial donde se prima la descentralización política y financiera. Países federales como Alemania y otros que, sin serlo, caso de España, funciona como un Estado materialmente federal, con un nivel de descentralización fiscal superior al primero. Pero las singularidades territoriales y fiscales están recogidas en las constituciones de otros países como Italia, que no es un Estado federal, y son muchos los territorios que, dentro del marco de la Unión Europea, tienen un estatus especial.

Por otra parte, en los que la fiscalidad se refiere, la UE sólo tiene unas competencias limitadas, pues la imposición tributaria sigue siendo prerrogativa de los Estados, que deben tomar por unanimidad las decisiones que afecten a la legislación fiscal en el Consejo a partir de las propuestas de la Comisión y consultas al Parlamento. La política fiscal de la UE está fundamentalmente orientada al buen funcionamiento del mercado único, por lo que los criterios de armonización se han referido básicamente a los impuestos indirectos (IVA, Impuestos Especiales, exacciones a la importación e impuestos sobre la energía y otras tasas medioambientales), aunque últimamente se está abordando la armonización de los tributos directos para evitar la erosión de bases imponibles en el Impuesto sobre Sociedades, el blanqueo de capitales y la elusión, la evasión y el fraude. En lo que se refiere al IRPF, la UE ha promovido la armonización en el tratamiento fiscal de los trabajadores transfronterizos.

No hay que olvidar que la pertenencia a la UE supone la aplicación del ordenamiento comunitario, el derecho primario, donde se incluyen el Tratado de la Unión Europea (TUE) y el Tratado de Funcionamiento de la Unión Europea (TFUE); el derecho derivado, que comprende los actos unilaterales y los actos convencionales (reglamentos, directivas, decisiones, dictámenes y recomendaciones, más las comunicaciones y los libros blancos y verdes); y el subsidiario, que comprende el Derecho Internacional, los principios generales del Derecho y la jurisprudencia del Tribunal de Justicia de la Unión Europea (TJUE), que controla la legalidad de las normas comunitarias y la interpretación del Derecho de la UE. Un ordenamiento que tiene como objetivo la supresión entre los Estados miembros de los obstáculos a la libre circulación de mercancías, personas y capitales para posibilitar la integración europea. Por ello se prohíben tanto las restricciones que mediante el establecimiento de tributos concretos recaigan sobre productos de otros Estados miembros como la concesión de ayudas y beneficios fiscales a las empresas y producciones nacionales, que pueden limitar la libre competencia.

Si acudimos al Tratado de Funcionamiento de la Unión Europea (TFUE), debemos destacar los artículos que afectan a estos territorios, tanto en cuestiones de índole territorial como fiscal. La normativa es muy restrictiva respecto al establecimiento de la Unión Aduanera (artículos 3, 28, 29, 30, 31 TFUE) y las prohibiciones a las medidas sobre la importación o la exportación o aquellas de efecto equivalente por parte de los Estados miembros (artículos 34, 35 y 44 TFUE).

También establece otras medidas fiscales que tienen por fin que no haya diferencias en la imposición[8] sobre los productos en los Estados miembros y la armonización de las legislaciones relativas a los impuestos sobre el volumen de negocios, los impuestos sobre consumos específicos y otros impuestos indirectos para garantizar el establecimiento y el funcionamiento del mercado interior y evitar las distorsiones de la competencia (artículos 110, 111, 112 y 113 TFUE).

Sin embargo, el artículo 107 TFUE, al mismo tiempo que prohíbe a los Estados miembros ayudas específicas[9] que puedan atentar contra la libre competencia, prevé expresamente las ayudas a las regiones ultraperiféricas o con un estatus especial atendiendo a sus circunstancias económicas y sociales. Una excepción relacionada con la política de la Unión para el desarrollo económico, social y territorial y reducir las diferencias entre las regiones menos favorecidas a las que se refieren los artículos 174, 176, 177 y 178 TFUE.

El artículo 174 del TFUE se refiere expresamente al objetivo de reducir las diferencias entre los niveles de desarrollo de las diversas regiones y el retraso de

---

8 No sólo se tiene en cuenta el tipo de gravamen, sino también la base imponible, las cuotas tributarias y las normas de gestión y recaudación de os tributos.

9 Según el artículo 107 TFUE, son aquellas que, teniendo procedencia estatal, conlleven una ventaja económica para el que la recibe, sean destinadas a determinadas empresas o producciones o aplicables únicamente en un ámbito territorial concreto y que produzcan un falseamiento de la competencia y del comercio intracomunitario.

las regiones menos favorecidas, señalando que se prestará especial atención a las zonas rurales, a las zonas afectadas por una transición industrial y a las regiones que padecen desventajas naturales o demográficas graves y permanentes como, por ejemplo, las regiones más septentrionales con una escasa densidad de población y las regiones insulares, transfronterizas y de montaña. Éste es el objetivo principal del Fondo de Desarrollo Regional: "contribuir a la corrección de los principales desequilibrios regionales dentro de la Unión mediante una participación en el desarrollo y en el ajuste estructural de las regiones menos desarrolladas y en la reconversión de las regiones industriales en declive" (artículo 176 TFUE).

Los territorios especiales de la UE se agrupan en diferentes categorías: las *regiones especiales*, que forman parte de la Unión pero que por sus características geográficas o culturales disfrutan de ciertas exenciones en la aplicación del derecho de la UE; las *regiones ultraperiféricas*, que por su lejanía de la Europa continental disfrutan de ciertas ventajas como una fiscalidad más baja; y los *territorios de ultramar*, que no forman parte de la Unión, pero que pueden beneficiarse de la asociación con la UE.

Así, podemos establecer diferencias entre estos territorios especiales dependientes de los Estados miembros de la UE que por razones históricas, geográficas o políticas gozan de un estatus especial dentro o fuera de la Unión. Además de los territorios dependientes, existen otros países o territorios asociados en los que tanto los ciudadanos de la UE, como los de esos países o territorios, disfrutan de ciertas ventajas o derechos comunes. Este es el caso de los países de la AELC[10] o los microestados europeos.

10 La Asociación Europea de Libre Comercio (AELC) es una organización intergubernamental creada en 1960 por el Convenio AELC, que promueve el libre comercio y la integración económica entre sus miembros, dentro de Europa e internacionalmente. Hubo siete países fundadores: Austria, Dinamarca, Noruega, Portugal, Suecia, Suiza y el Reino Unido. A los que se incorporaron Islandia en 1970, Finlandia en 1986 y Liechtenstein en 1991. Al mismo tiempo, en 1973, Dinamarca y el Reino Unido se adhirieron a la Unión Europea (UE); en 1986, Portugal y, en 1995, Austria, Finlandia y Suecia y, por consiguiente, abandonaron la AELC. La AELC consta actualmente de cuatro países miembros: Islandia, Liechtenstein, Noruega y Suiza. Los países de la AELC han desarrollado una de las mayores redes de acuerdos de libre comercio (ALC). Estos ALC abarcan más de sesenta países y territorios, incluida la UE. El máximo órgano rector de la AELC es el Consejo de la AELC. Generalmente, se reúne ocho veces al año a nivel de embajadores y dos veces al año a nivel ministerial. La sede de la Secretaría de la AELC está en Ginebra, con oficinas en Bruselas y Luxemburgo. La Secretaría de

2.1. LAS REGIONES ESPECIALES

Son fundamentalmente municipios los que tienen a consideración de *regiones especiales* por razones geográficas e históricas:

- Büsingen am Hochrhein, en Alemania, municipio rodeado completamente por territorio suizo y donde la moneda de uso habitual es el marco suizo, pese a que la moneda de curso legal sea el euro; y la isla de Helgoland, situada en el borde sudeste del Mar del Norte, donde no se aplica el IVA y no forma parte de la Unión Aduanera.
- Campione d'Italia, enclavado también en Suiza, aunque pertenece a Italia, y que forma parte junto con las aguas italianas del lago Lugano de la Unión Aduanera desde el 1 de enero de 2020; la localidad italiana de Livigno, que tiene un estatus de zona franca, donde no se aplica el IVA y no forma parte de la Unión Aduanera.
- Las ciudades españolas autónomas de Ceuta y Melilla, en el norte de África, que no forman pate de la Unión Aduanera y donde no se aplica el IVA, pues tienen un impuesto indirecto propio, el Impuesto sobre la Producción, los Servicios y la Importación (IPSI), y con especialidades respecto a la PAC (Política Agrícola Común) y la PPC (Política Pesquera Común).

Ginebra asiste al Consejo de la AELC en la gestión de las relaciones entre los cuatro Estados de la AELC, y se ocupa de la negociación y el funcionamiento de los ALC de la AELC y de las declaraciones conjuntas sobre cooperación con los países de fuera de la UE. La Secretaría en Bruselas presta apoyo para la gestión del Acuerdo EEE, incluida la preparación de la nueva legislación y asistencia al proporcionar información para la toma de decisiones de la UE. La Oficina Estadística de la AELC en Luxemburgo contribuye al desarrollo de un sistema estadístico europeo amplio e integrado. El Órgano de Vigilancia de la AELC (ESA, por sus siglas en inglés) supervisa el cumplimiento de las normas del Espacio Económico Europeo (EEE) en Islandia, Liechtenstein y Noruega. Tiene competencias similares a las de la Comisión Europea respecto a la vigilancia y la aplicación del Derecho del EEE. El Tribunal de la AELC, con sede en Luxemburgo, tiene competencias y autoridad para resolver controversias internas y externas relativas a la ejecución, aplicación o interpretación del Acuerdo EEE. Su jurisdicción corresponde a la del Tribunal de Justicia de la Unión Europea en asuntos relacionados con los países del EEE y de la AELC.

https://eur-lex.europa.eu/ES/legal-content/glossary/european-free-trade-association-efta.html

- El archipiélago de Åland, en el mar Báltico, que es una provincia autónoma de Finlandia, y que celebró un referéndum sobre la adhesión a la UE el 20 de noviembre de 1994, incorporándose junto con Finlandia en 1995, aunque se trata de un territorio considerado como tercer país a efectos fiscales.
- Y, por su especial singularidad, el Monte Athos, en Grecia, donde se encuentran veinte monasterios ortodoxos (griegos, rusos, serbios, georgianos, búlgaros y rumanos) que conforman un territorio autónomo bajo soberanía griega y donde no impera el acuerdo Schenguen. De hecho, se trata de un enclave habitado únicamente por monjes de sexo masculino y donde no se aplica parte de la legislación griega y europea.

Podríamos decir que son "islas" (en sentido figurado) dentro del territorio de la UE, pues suponen una excepción a la aplicación del ordenamiento jurídico comunitario, precisamente de aquellas normas que persiguen la armonización fiscal.

2.2. LAS REGIONES ULTRAPERIFÉRICAS

En cuanto a las *regiones ultraperiféricas*, dependen de tres Estados miembros: España, Portugal y Francia. A España pertenecen las islas Canarias, que están situadas en el océano Atlántico noroccidental, como las dos regiones autónomas de Azores y Madeira, que pertenecen a Portugal. A ellas hay que sumarles en esta categoría los cinco departamentos de ultramar de Francia: la Guayana francesa en el noreste sudamericano, Guadalupe y Martinica en el este caribeño, Reunión y Mayotte en el sudoeste índico, y la colectividad de ultramar de San Martín en las Antillas, que no ha cambiado de estatuto a nivel comunitario desde que se separó de Guadalupe en 2007.

A estas regiones se refiere el artículo 349 TFUE:

"Teniendo en cuenta la situación estructural social y económica de Guadalupe, la Guayana Francesa, Martinica, la Reunión, San Bartolomé, San Martín, las Azores, Madeira y las islas Canarias, caracterizada por su gran lejanía, insularidad, reducida superficie, relieve y clima adversos y dependencia económica de un reducido número de productos, factores cuya persistencia y combinación perjudican gravemente a su desarrollo, el Consejo, a propuesta de la Comisión y previa consulta al Parlamento Europeo, adoptará medidas específicas orientadas, en particular, a fijar las condiciones para la aplicación de los Tratados en dichas regiones, incluidas las políticas comunes. Cuando el Consejo adopte dichas medidas específicas con arreglo a un procedimiento legislativo especial, se pronunciará también a propuesta de la Comisión y previa consulta al Parlamento Europeo.

Las medidas contempladas en el párrafo primero se referirán, en particular, a las políticas aduanera y comercial, la política fiscal, las zonas francas, las políticas agrícola y pesquera, las condiciones de abastecimiento de materias primas y de bienes de consumo esenciales, las ayudas públicas y las condiciones de acceso a los fondos estructurales y a los programas horizontales de la Unión.

El Consejo adoptará las medidas contempladas en el párrafo primero teniendo en cuenta las características y exigencias especiales de las regiones ultraperiféricas, sin poner en peligro la integridad y coherencia del ordenamiento jurídico de la Unión, incluido el mercado interior y las políticas comunes".

Con las especialidades que recogen los artículos 350 y 355.

Así, con Fornieles Gil[11], podríamos definirlas como el conjunto de regiones que, formando parte del territorio comunitario, se encuentran fuera del continente europeo y admiten excepciones a la aplicación del ordenamiento comunitario en base a su situación geográfica y especiales condiciones referidas en el artículo 349 TFU.

De las RUP podemos destacar estas características[12]:

- La integración en un doble espacio geoeconómico diferenciado, formado, por un lado, por una zona geográfica de proximidad, y por otro, por el espacio geopolítico al que pertenecen, distinto y alejado.
- La reducida dimensión del mercado interior local, relacionada con el tamaño de la población.
- El aislamiento relativo provocado por la gran lejanía del continente europeo y reforzado por la situación insular.

---

11 Fornieles Gil, A., "El principio de proporcionalidad y la fiscalidad de las regiones ultraperiféricas", *Hacienda Canaria*, pág. 240, 2007.

12 Dirección General de Asuntos Económicos con la Unión Europea, *La Cooperación entre las Regiones Ultraperiféricas*, Gobierno de Canarias, 2008.

- Las condiciones geográficas y climáticas que limitan el desarrollo endógeno de los sectores primarios y secundarios (ausencia de materias primas, carácter archipelágico, zonas sometidas a riesgos naturales).
- La dependencia económica de un reducido número de productos o de un único producto.
- La insularidad y la reducida superficie de estos territorios, si bien la Guayana Francesa representa una excepción en ambos aspectos.

Pero también se destacan sus ventajas para la UE: su situación geográfica y su entorno; una zona marítima y una posición geoestratégica valiosa; lugares privilegiados para la implantación de actividades de investigación científica y alta tecnología, y un marco natural excepcional para un turismo seguro y respetuoso con el medio ambiente.

Estas regiones han recibido un tratamiento especial por parte de las instituciones europeas, y se les da porque tienen unas características especiales de carácter geográfico y climático, unas desventajas estructurales que traen aparejados perjuicios graves en el desarrollo que conllevan costes económicos y sociales, los denominados "costes de ultraperiferia". Son definidos como el conjunto de costes que soportan las empresas situadas en las regiones ultraperiféricas debidos a las circunstancias ultraperiféricas y que se suman a los costes normales de producción en el resto de las regiones de Europa. Tienen tres características principales: son costes diferenciales, ya que marcan una diversificación notable entre las economías ultraperiféricas y las economías no ultraperiféricas; son inevitables si se quiere operar en una economía ultraperiférica; y son permanentes: no se alteran de forma significativa en el tiempo. Puede que las tecnologías ayuden a superar estos costes o a mitigarlos, pero no parece que puedan ser totalmente eliminados[13].

Lo que puede permitirnos también referirnos a la existencia de hechos diferenciales dentro del derecho comunitario[14], en el sentido que le da López Aguilar: "hechos diferenciales constitucionalmente relevantes son aquellos de los que pueda predicarse directa o indirectamente una consignación constitucional ra-

13 Rodríguez Mejías, M. D., y otros, "Los costes de ultraperiferia de la Economía Canaria", en *Revista de Hacienda Canaria*, nº 2, octubre de 2002, págs. 186-197.

14 Fornieles Gil, A., "El principio de proporcionalidad y la fiscalidad de las regiones ultraperiféricas", cit., pág. 245.

zonable, de la que quepa colegir un mandato de tutela, una "apuesta" o expresión de la voluntad constitucional de proteger ese hecho"[15].

Sin embargo, hay que destacar que la atribución del carácter de ultraperificidad, desde el punto de vista del derecho comunitario, debe entenderse como una opción político-jurídica[16], por lo que otros territorios podrían tener este carácter e incluirse en esta lista, caso de Ceuta y Melilla, cuestión a la que nos referiremos más adelante.

Hay que recordar que aproximadamente el 76% del presupuesto de la UE se gestiona conjuntamente con las Administraciones nacionales y regionales mediante un sistema de gestión compartida a través de cinco grades fondos, los Fondos Estructurales y de Inversión: el Fondo Europeo de Desarrollo Regional (FEDER), para el desarrollo regional y urbano; el Fondo Social Europeo (FSS), para la inclusión social y la buena gobernanza; el Fondo de Cohesión (FC), para la convergencia económica de las regiones menos desarrolladas; el Fondo Europeo Agrícola de Desarrollo Rural (FEADER), y el Fondo Europeo de Marítimo y de PESCA (FEMP).

Al FEDER se refiere el artículo 176 del TFUE, que dispone: "El Fondo Europeo de Desarrollo Regional estará destinado a contribuir a la corrección de los principales desequilibrios regionales dentro de la Unión mediante una participación en el desarrollo y en el ajuste estructural de las regiones menos desarrolladas y en la reconversión de las regiones industriales en declive".

El artículo 349 del TFUE reconoce la situación específica de estas regiones y les otorga un estatuto especial, cuyo alcance fue acotado por el Tribunal de Justicia de la Unión Europea (STJUE, 2015): "Más concretamente, en lo que res-

---

15 López Aguilar, J. F., "Constitución, autonomía y hecho diferencial. El Estado autonómico y el hecho diferencial constitucionalmente relevante", *Cuadernos de Derecho Público*, nº 2, septiembre-diciembre de 1997, págs. 25 y ss. También García Roca, J. "¿A qué llamamos, en Derecho, hechos diferenciales?", *Cuadernos de Derecho Público*, nº 11, septiembre- diciembre 2000, págs. 74 y ss. Sobre el concepto de hecho diferencial en la UE, Corriente Córdoba, J. A., "El hecho diferencial regional y su tratamiento en el Derecho Comunitario Europeo", *Anuario de Derecho Internacional*, nº XVI, 2000, págs. 347 y ss.

16 Ciavarinni Azzi. G., "El modelo de integración específico de las Regiones ultraperiféricas de la Comunidad Europea", en *Canarias en la Comunidad Europea*, Fundación Pedro García Cabrera, Santa Cruz de Tenerife, 1994, pág. 46; Fornieles Gil, A., "El principio de proporcionalidad y la fiscalidad de las regiones ultraperiféricas", cit., págs. 235-273.

pecta al artículo 349 TFUE, la Comisión precisa que no puede interpretarse en el sentido de que autoriza al Consejo a adoptar cualquier «medida específica» favorable a las regiones ultraperiféricas contempladas en ese artículo. En efecto, en su opinión, este último únicamente permite que se adopten medidas en consideración a la «situación estructural social y económica» de dichas regiones y de los factores, taxativamente enumerados en el artículo 349 TFUE, párrafo primero, que agravan tal situación".

A pesar de la gran distancia que las separa del continente europeo, las regiones ultraperiféricas forman parte integral de la Unión Europea y el acervo comunitario se aplica plenamente a su territorio. No obstante, en vista de su localización geográfica específica y las dificultades conexas, las políticas de la Unión han tenido que adaptarse a su situación especial.

Las medidas en cuestión se refieren, en particular, a las políticas aduanera y comercial, la política fiscal, las zonas francas, las políticas agrícola y pesquera y las condiciones de abastecimiento de materias primas y de bienes de consumo básicos. También pueden adaptarse a las necesidades de estas regiones las normas relativas a las ayudas estatales y las condiciones de acceso a los Fondos Estructurales y a los programas horizontales de la Unión (por ejemplo, las subvenciones especiales que el Fondo Europeo de Desarrollo Regional, el FEDER, concede a las RUP).

En cuanto a la estrategia de la Unión Europea para las RUP, desde la Comunicación de la Comisión Europea titulada "Una asociación estratégica renovada y más fuerte con las regiones ultraperiféricas de la Unión Europea" (COM/2017/0623), ha ido dirigida a abordar las necesidades específicas de cada una de las nueve regiones ultraperiféricas de la Unión. El objetivo es ayudarlas a crear nuevas oportunidades para sus habitantes, impulsar la competitividad y la innovación en sectores como la agricultura, la pesca o el turismo y mejorar la cooperación con los países vecinos.

La estrategia se centra en cuatro pilares:

- Establecer un nuevo modelo de gobernanza basado en una asociación sólida.
- Aprovechar los recursos de las RUP.
- Permitir el crecimiento y la creación de empleo.
- Reforzar la cooperación.

Pese a que todas las decisiones por las que se concede el estatuto de región ultraperiférica a una determinada región son adoptadas por el Consejo Europeo, el Parlamento Europeo participa activamente en el apoyo que se da a estas regiones. Entre los años 2014 y 2024, la UE ha destinado más de 15.000 millones de euros a las RUP en el marco del FEDER, con cantidades adicionales para hacer frente a sus limitaciones específicas, y del Programa de Opciones Específicas a la Lejanía y a la Insularidad (POSEI), un programa de la Política Agrícola Común. Además de estas subvenciones europeas, las RUP se benefician de medidas específicas o excepciones para facilitar su acceso al mercado interior en ámbitos como las ayudas estatales y la fiscalidad, con el fin de atenuar el impacto de sus limitaciones y estimular el crecimiento económico[17]. Por su parte, el Reglamento sobre disposiciones comunes (RDC), que introduce un conjunto de disposiciones para los cinco Fondos Estructurales y de Inversión Europeos, recoge que las regiones ultraperiféricas deben beneficiarse de medidas específicas eficaces y de una financiación adicional suficiente para compensar su situación estructural social y económica junto con las desventajas derivadas de los factores a los que se refiere el artículo 349 del TFUE[18].

El artículo 349 TFUE se refiere expresamente a la política fiscal como instrumento de desarrollo de las RUP, lo enlaza con la función extrafiscal de los tributos, que se puede dirigir a la consecución de dos fines para estos territorios: la reducción de costes de la producción empresarial y la atracción de inversión[19]. Una función extrafiscal que se practica de dos maneras: mediante tributos específicamente instrumentales y mediante la introducción de normas tributarias de aquella naturaleza en las que se contengan exclusiones, exenciones, incentivos fiscales, deducciones y otras, que sirvan para no sujetar, eximir de la obligación

---

17 Pérez Zúñiga, J. M, y Sellam Mohamed, A., "Sistema de financiación de la Ciudad Autónoma de Melilla e Implicaciones de su entrada en la Unión Aduanera", en *Presente y futuro de Melilla: Estrategias de gobernanza y políticas públicas*, Dikynson, 2024, págs. 201-240.

18 Christiaan van Lierop, EPRS | Servicio de Estudios del Parlamento Europeo, PE 651.918 - mayo de 2020.

19 Fornieles Gil, A., "El principio de proporcionalidad y la fiscalidad de las regiones ultraperiféricas", cit., pág. 251.

del pago, facilitar o bonificar el ejercicio de determinados comportamientos económicos[20].

Podemos resumir las especialidades fiscales establecidas para las RUP en las siguientes:

El establecimiento de bonificaciones fiscales en la imposición directa dentro del territorio RUP. Tales medidas, si afectan al tráfico empresarial, son ayudas de Estado. Ahora bien, la especialidad para las RUP está en el hecho de que las mismas pueden ser declaradas compatibles con el ordenamiento comunitario si son proporcionadas a los fines ultraperiféricos, tanto por declararlo así las Directrices de la Comisión sobre ayudas de Estado de carácter regional, como por lo preceptuado en el art. 107 TFU.

En cuanto al IVA, en las regiones portuguesas se aplica el IVA comunitario, pero con tipos reducidos, así como exenciones especiales para ellas. En las regiones francesas no se aplica el IVA, salvo en Guayana; no obstante, la ley francesa recoge tipos reducidos y exenciones para los Territorios especiales. En Canarias no se aplica el IVA, sino el Impuesto General Indirecto Canario (IGIC), que es un impuesto de estructura similar al IVA, pero con tipo más bajos y exención del comercio minorista.

Existen, tanto en las RUP como en Canarias, arbitrios especiales que gravan las importaciones y la producción local; se trata del "octroi de mer" (el arbitrio insular se aplica en Guadalupe, Guayana, Martinica, Mayotte y La Reunión) y el Arbitrio a la Importación y Entrega de las Mercancías (AIEM), y aunque benefician la producción local, han sido autorizados por la Comisión.

En materia aduanera, se establecen regímenes fiscales de abastecimiento que reducen la carga aduanera de productos necesarios para el consumo humano. Se autoriza el establecimiento de zonas francas industriales, caracterizadas por la entrada de materias primas libres de aranceles, con la posibilidad de transformarlas en la zona y exportarlas a terceros estados sin soportar gravamen arancelario alguno.

---

20 Hinojosa Torralvo, J. J., "Los tributos regionales extrafiscales, con especial referencia al Impuesto andaluz sobre Tierras infrautilizadas", *Impuestos*, nº 26, 1989, pág. 137.

2.3. LOS PAÍSES Y TERRITORIOS DE ULTRAMAR

Por otra parte, tenemos a los países y territorios de ultramar (PTU), que tienen el estatus de asociados a los Estados miembros, pero que no forman parte de la UE. Su autonomía depende de las relaciones que mantienen con los países a los que están vinculados, pero su régimen jurídico está regulado en los artículos 199 a 204 del TFUE.

A la "asociación de los países y territorios de ultramar", se refiere específicamente el artículo 198 TFUE (un régimen jurídico desarrollado en los artículos 199, 200, 201, 202, 203 y 204), que dispone:

"Los Estados miembros convienen en asociar a la Unión los países y territorios no europeos que mantienen relaciones especiales con Dinamarca, Francia, Países Bajos y Reino Unido[21]. Dichos países y territorios, que en lo sucesivo se denominarán «países y territorios», se enumeran en la lista que constituye el anexo II.

El fin de la asociación será la promoción del desarrollo económico y social de los países y territorios, así como el establecimiento de estrechas relaciones económicas entre éstos y la Unión en su conjunto.

De conformidad con los principios enunciados en el preámbulo del presente Tratado, la asociación deberá, en primer lugar, contribuir a favorecer los intereses de los habitantes de dichos países y territorios y su prosperidad, de modo que puedan alcanzar el desarrollo económico, social y cultural al que aspiran".

---

21 En referencia a los territorios británicos, hay que tener en cuenta el "Brexit", con la siguiente cronología: el 23 de junio de 2016, el Reino Unido celebró un referéndum sobre su pertenencia a la Unión Europea (UE). El Reino Unido votó a favor de abandonar la UE (52% a favor, 48% en contra). El 29 de marzo de 2017, el Reino Unido notificó al Consejo Europeo su intención de abandonar la UE, activando así formalmente el artículo 50 del Tratado de la Unión Europea. El 30 de enero de 2020, la UE ratificó el Acuerdo de Retirada. El 31 de enero de 2020 a medianoche (hora central europea), al entrar en vigor el Acuerdo de Retirada, el Reino Unido abandonó la Unión Europea y se convirtió en tercer país. Esto marcó el inicio de un período transitorio que se prolongó hasta el 31 de diciembre de 2020. El 24 de diciembre de 2020, la UE y el Reino Unido celebraron un acuerdo de comercio y cooperación, en el que se redefinían sus relaciones futuras. Los 27 Estados miembros aprobaron el acuerdo el 29 de diciembre de 2020. El 31 de diciembre de 2020, el Acuerdo de comercio y cooperación entre la UE y el Reino Unido se publicó en el Diario Oficial de la Unión Europea. Es aplicable con carácter provisional desde el 1 de enero de 2021.

De acuerdo con el Anexo II del TFUE, estos territorios serían:

Groenlandia (Dinamarca), Nueva Caledonia y sus dependencias (Francia), Polinesia francesa (Francia), Tierras australes y antárticas francesas (Francia), Islas Wallis y Futuna (Francia), Mayotte (Francia), San Pedro y Miquelón (Francia), Aruba (Países Bajos), Antillas Neerlandesas (Países Bajos), Bonaire (Países Bajos), Curaçao (Países Bajos), Saba (Países Bajos), San Eustaquio (Países Bajos), San Martín (Francia zona norte, Países Bajos zona sur), Anguila (Reino Unido), Islas Caimán (Reino Unido), Islas Malvinas (Falkland) (Reino Unido), Georgia del Sur e Islas Sandwich del Sur (Reino Unido), Montserrat (Reino Unido), Pitcairn (Reino Unido), Santa Elena y sus dependencias (Reino Unido), Territorio antártico británico (Reino Unido), Territorios británicos del Océano Índico (Reino Unido), Islas Turcas y Caicos (Reino Unido), Islas Vírgenes británicas (Reino Unido), Bermudas (Reino Unido).

Después del Brexit, entiendo que los territorios británicos dejan de tener el estatus de "asociados a la UE", pero, sin embargo, teniendo en cuenta el acuerdo de cooperación vigente entre la UE y Reino Unido (Acuerdo de comercio y cooperación entre la UE y el Reino Unido de 32/12/2020)[22], donde se engloban también estos territorios, pienso que podemos mantenerlos en esta relación, que debe ser enmarcada en este último acuerdo, y no en el TFUE.

Sus características principales son las siguientes:

- Los Estados miembros aplicarán a sus intercambios comerciales con los países y territorios el régimen que se otorguen entre sí en virtud de los Tratados.
- Cada país o territorio aplicará a sus intercambios comerciales con los Estados miembros y con los demás países y territorios el régimen que aplique al Estado europeo con el que mantenga relaciones especiales.
- Los Estados miembros contribuirán a las inversiones que requiera el desarrollo progresivo de estos países y territorios.
- Para las inversiones financiadas por la Unión, la participación en las convocatorias para la adjudicación de obras, servicios y suministros quedará abierta, en igualdad de condiciones, a todas las personas físicas y jurídicas

22 https://eur-lex.europa.eu/legal-content/ES/TXT/PDF/?uri=CELEX:22021A0430(01)

que tengan la nacionalidad de los Estados miembros o de los países y territorios.

- En las relaciones entre los Estados miembros y los países y territorios, el derecho de establecimiento de los nacionales y sociedades se regulará de conformidad con las disposiciones y normas de procedimiento previstas en el capítulo relativo al derecho de establecimiento y sobre una base no discriminatoria, sin perjuicio de las disposiciones especiales que se adopten en virtud del artículo 203[23].
- Las importaciones de mercancías originarias de los países y territorios se beneficiarán, a su entrada en los Estados miembros, de la prohibición de los derechos de aduana llevada a cabo entre los Estados miembros de acuerdo con las disposiciones de los Tratados.
- Los derechos de aduana que graven, a su entrada en cada país y territorio, las importaciones procedentes de los Estados miembros y de los demás países y territorios quedarán prohibidos de conformidad con lo dispuesto en el artículo 30 TFUE (no será aplicable a los países y territorios que, por estar sujetos a obligaciones internacionales especiales, estén aplicando un arancel aduanero no discriminatorio).
- No obstante, los países y territorios podrán percibir derechos de aduana para satisfacer las exigencias de su desarrollo y las necesidades de su industrialización o derechos de carácter fiscal destinados a nutrir su presupuesto. Estos derechos mencionados en el párrafo anterior no podrán ser superiores a los que graven las importaciones de productos procedentes del Estado miembro con el que cada país o territorio mantenga relaciones especiales.
- El establecimiento o la modificación de los derechos de aduana que graven las mercancías importadas por los países y territorios no deberá

23 Artículo 203 TFUE: "El Consejo, a la luz de los resultados alcanzados en el marco de la asociación de los países y territorios a la Unión y basándose en los principios contenidos en los Tratados, adoptará, por unanimidad, a propuesta de la Comisión, las disposiciones relativas a las modalidades y el procedimiento para la asociación de los países y territorios a la Unión. Cuando el Consejo adopte dichas disposiciones con arreglo a un procedimiento legislativo especial, se pronunciará por unanimidad, a propuesta de la Comisión y previa consulta al Parlamento Europeo".

provocar, de hecho o de derecho, una discriminación directa o indirecta entre las importaciones procedentes de los distintos Estados miembros.

- Sin perjuicio de las disposiciones relativas a la salud y seguridad públicas y al orden público, la libertad de circulación de los trabajadores de los países y territorios en los Estados miembros, así como la de los trabajadores de los Estados miembros en los países y territorios, se regirá por actos adoptados de conformidad con el artículo 203 TFUE.

Cabe preguntarse cuántos de estos territorios tienen la consideración de paraísos fiscales. Según la normativa española (Ley 36/2006 Disposición Adicional 1ª, 10ª y Disposición Transitoria 2ª; RD 1080/1991 art. 1; OM HFP/115/2023), estos territorios serían 24:

Anguila, Bahréin, Barbados, Bermuda, Dominica, Fiji, Gibraltar, Guam, Guernsey, Isla de Man, Islas Caimán, Islas Malvinas, Islas Marianas, Islas Salomón, Islas Turcas y Caicos, Islas Vírgenes Británicas, Islas Vírgenes de Estados Unidos de América, Jersey, Palaos, Samoa, por lo que respecta al régimen fiscal perjudicial (*offshore business*), Samoa Americana, Seychelles, Trinidad y Tobago, Vanuatu.

Tras la publicación de la OM HFP/115/2023, desaparecen de la relación algunas jurisdicciones significativas (Liechtenstein, Mónaco, Macao, Brunei, Antigua y Barbuda, Jordania, o Líbano) u otras de menor alcance (Liberia, Dominica, Granada, Islas Mauricio, Montserrat, Nauru, San Vicente o Santa Lucía).

Los países y territorios que firmen con España un acuerdo de intercambio de información en materia tributaria o un CDI con cláusula de intercambio de información, dejan de tener la consideración de jurisdicción no cooperativa en el momento en que dichos convenios o acuerdos entren en vigor (artículo 2 RD 1080/1991).

Por lo que tenemos cinco territorios británicos que han mantenido un estatus especial en la UE que tienen la consideración de paraísos fiscales según la normativa española: Anguila, Islas Caimán, Bermuda, Islas Vírgenes Británicas, Islas Turcas y Caicos. Aunque la UE sólo considera a Bermudas como un territorio no cooperador a efectos fiscales. Según la Decisión del Consejo 17 de octubre de 2023, son 16 países:

Samoa Americana, Anguila, Antigua y Barbuda, Bahamas, Belice, Fiyi, Guam, Palaos, Panamá, Rusia, Samoa, Seychelles, Trinidad y Tobago, Islas Turcas y Caicos, Islas Vírgenes de los Estados Unidos, Vanuatu.

Sin embargo, hay ocho grandes economías, llamadas de tránsito, que absorben el 85% de las inversiones a escala mundial por razones fiscales: Países Bajos, Luxemburgo, Hong Kong, las Islas Vírgenes Británicas, Bermudas, Islas Caimán, Irlanda y Singapur.

Y dentro de la UE, la Comisión ha criticado a siete Estados miembros por diferencias en sus sistemas fiscales que facilitan la planificación fiscal abusiva y socavan la integridad del Mercado Único Europeo: Bélgica, Irlanda, Chipre, Luxemburgo, Hungría, Malta y Países Bajos[24].

Finalmente, hemos de señalar que existen territorios donde, por circunstancias políticas, la aplicación de los tratados de la UE está suspendida, como los territorios antárticos reclamados por Francia; Chipre del Norte, territorio ocupado por Turquía, pero reconocido internacionalmente como perteneciente a Chipre y, por tanto, de la UE, y los "territorios no incluidos", que son la Isla Clipperton (o Isla de La Pasión, en el océano Pacífico, frente a México), bajo la administración directa del gobierno francés, y las Islas Feroe (ubicadas en el Atlántico Norte, entre Reino Unido, Islandia y Noruega), bajo soberanía danesa.

---

24 Jáuregui Atondo, R., "La fiscalidad en la perspectiva de una Europa federal", en Molina del Pozo, C.F. (dir.), Saldaña Ortega, V. (coord.), *Hacia la construcción de un verdadero proyecto federal para la Unión Europea*, Universidad de Alcalá, Colex, A Coruña, 2022, págs. 340 y 344.

3. ¿UNA ESPAÑA PLURINACIONAL?

Uno de los síntomas de que en España no se ha abordado en profundidad el problema regional o el problema catalán, como lo denominaba Ortega y Gasset[25], es que para hablar del modelo territorial español se habla de Estado autonómico, federal o plurinacional dependiendo de dónde se quiera poner el énfasis político, pero sin tener en cuenta las diferencias institucionales y fiscales que la aplicación de un modelo y otro tiene para los ciudadanos que, sin embargo, viven ya en un Estado materialmente federal[26] o incluso en una monarquía plurinacional, aunque no lo sea formalmente, conceptos más comunes en nuestra historia y en nuestra literatura científica de lo que puede parecer a primera vista. A estas cuestiones nos referiremos en este capítulo.

3.1. NACIONALIDADES Y REGIONES

La conformación y configuración del Estado ha constituido uno de los problemas sobre los que se ha vertebrado la historia española contemporánea desde principios del siglo XIX, cuando aparecieron tensiones entre aquellos grupos que defendían un modelo centralista de Estado y Nación y aquellos otros que, heterogéneos en su composición y radicados por lo general en las periferias, defendían modelos alternativos. En muchas ocasiones, estos episodios de tensión territorial coincidían con coyunturas de movilización social, cambio y apertura política. Así ocurrió con la ocupación napoleónica y el debate sobre el modelo de Estado en las Cortes de Cádiz; también en las décadas centrales del siglo XIX en torno al debate sobre el municipalismo y sus derivadas demoliberal y

---

25 Ortega y Gasset, J., "Discurso sobre "Proyecto de Constitución" pronunciado en las Cortes Constituyentes el 4 de septiembre de 1931", en *Obras Completas*, tomo IV, Madrid, Taurus-Santillana, 2005; *España invertebrada y otros ensayos*, Madrid, Alianza Editorial, 2014 (1931), págs. 56-57.

26 Estas cuestiones las he desarrollado en otros trabajos: Pérez Zúñiga, J. M.ª, *Estado autonómico y federal*, Aranzadi, Pamplona, 2021; y *Alternativas al sistema de financiación de las CCAA: hacia un nuevo modelo de organización territorial del Estado*, Aranzadi, Pamplona, 2018.

republicano federal; en el Sexenio Democrático y en los debates sobre el modelo de Estado durante la Primera República, y en el tránsito del siglo XIX y XX, en un contexto de crisis nacional. Ya entrado el siglo XX, la cuestión alcanzará protagonismo en la etapa final de la monarquía alfonsina, en el Sexenio Rojo (1918-1923), para hacerse presente de nuevo en los momentos fundacionales de la Segunda República Española hasta su final con el triunfo de las fuerzas franquistas después de la Guerra Civil y la imposición de un nuevo orden dictatorial, que aparcó el problema y siguió sin resolverse, aunque volvió al debate político y constitucional en la Transición democrática que terminará formulando el Estado autonómico actual[27].

En el verano de 1808, el movimiento juntista mostró las diferentes posiciones que se presentaban en España sobre la organización territorial, desde quienes defendían la concentración del poder en pocas manos (la defensa del status quo absolutista y las prerrogativas regias) hasta aquellos que proponían fórmulas representativas (la descentralización, el federalismo o una confederación y la reforma o disolución del sistema absolutista), que tuvieran en cuenta los diferentes territorios y provincias de la nación, apareciendo los conceptos federal, federativo y federación en el debate público.

Y cabe destacar el debate constitucional que se produjo en las Cortes de Cádiz (1810-1813) cuando los representantes y delegados de los territorios americanos, en su demanda por ampliar y extender los derechos de ciudadanía a los españoles de ambos hemisferios, planteaban una reformulación del modelo de Estado que pudiera superar el marco de la monarquía borbónica en favor de una monarquía compuesta pseudofederal y heredera de la tradición de los Austrias que termina chocando con la pulsión centralizadora de los liberales moderados que temían la disgregación territorial del Estado. Y también durante el Trienio Liberal (1820-1823) se hicieron propuestas sobre una futura república federal[28].

Años después, Pi i Maragall planteó la idea de un Estado plurinacional partiendo de la autonomía de los municipios y las regiones, de provincias que antes

[27] Cruz Artacho, S., "La cuestión territorial en España: debate y problema histórico", en *La cuestión territorial en España*, Galera Victoria, A. (coord.), Comares, Granada, 2024, págs. 3-20.

[28] Cruz Artacho, S., "La cuestión territorial en España: debate y problema histórico" cit., págs. 6-8.

fueron naciones en su obra *Las Nacionalidades* (1877)[29]. Como explica Máiz, Pi i Maragall propuso un federalismo republicano pensado para una España entendida, con argumentos y vocabulario deudores de la época, como un Estado plurinacional. Una República unitaria no sería una verdadera república, sino "una monarquía amb gorra frigia"[30].

Así, frente al federalismo unitarista, o federalismo nacional, como el de Estados Unidos o Alemania, esto es, el federalismo al servicio de una sola nación, el federalismo de Pi es un federalismo pluralista. El Estado se entiende integrado no por "las provincias administrativas" de Javier de Burgos, sino que tras el término provincias se encuentra un conjunto de regiones, algunas de las cuales poseen naturaleza de auténticas naciones. Frente al nacionalismo organicista y el principio de las nacionalidades, Pi apunta a una Nación española plural de nuevo cuño, capaz de acomodar las diversas realidades nacionales y regionales que conviven en el seno de la misma comunidad. Y, frente al modelo confederal, entre la oscilación federal/confederal, Pi cree en una federación pluralista. No se trata de abolir la nacionalidad española, de reemplazarla al modo comunitarista o nacionalista por otras tantas naciones interiores, unidades soberanas y dotadas de un derecho unilateral a la autodeterminación, sino de reconstituirla sobre nuevas bases: "la unidad en la variedad, rechazando la uniformidad".

Las naciones son, además de realidades sociales, realidades políticas. Constituyen, por una parte, procesos históricos y cambian con el tiempo, y por otra, son colectividades heterogéneas en su interior. Las naciones son procesos políticos de construcción nacional, no objetos cristalizados de una vez para siempre en el pasado, y sus elementos constitutivos son el individuo, el pueblo y la provincia. La nación española se presenta, de este modo, como una comunidad en procura

---

29 Pi i Maragall, F., *Las Nacionalidades*. La última edición es de Ramón Máiz, Madrid, Akal, 2009.

30 Máiz, R., *Nacionalismo y federalismo, Una aproximación desde la teoría política*, Siglo XXI, Madrid, 2018, págs. 323 y ss. Más tarde, Oto Bauer hablaría también de federalismo plurinacional como "Estado federal de las nacionalidades" ("Nationalitätenbundesstaat"), y de la nación como el producto de un proceso inacabado que se desarrolla de modo continuo. Este federalismo plurinacional estaría caracterizado por el autogobierno y el gobierno compartido, pero también por la unidad y la diversidad, y por la conciliación del principio territorial y personal, pensado para el reconocimiento, la igualdad material y el respeto entre las mayorías y las minorías nacionales. Bauer, O., *Die Nationalitätenfrage und die Sozialdemokratie*, Ignaz Brand, Viena, 1907; citado por Máiz, R., *Nacionalismo y federalismo* op. cit., págs. 381, 387 y 401.

de la Constitución adecuada a su naturaleza plural, Constitución que sólo podrá ser, a juicio de Pi y Maragall, la de una federación republicana que mude la uniformidad por la variedad, la violencia por la libertad, la opresión por el pacto.

La voz nacionalidad es recogida el 6 de abril de 1904 en el manifiesto de la Liga Regionalista catalana, que creía en el deber de rehacer el Estado español sobre sus bases naturales, "reconeixent a les seves diferents nacionalitats el dret a governar-se amb la més plena autonomía", destacando el concepto de autonomía en plural, pues en el Estado español existían varias nacionalidades de las que Cataluña sobresalía en su papel reformador, y también se adoptó el mismo significado en castellano. En 1916 Augusto Barcia publicaba un artículo en el que agradecía el papel de los parlamentarios regionalistas cuando invitaban a los españoles a cerrar el periodo de luchas estériles y "engranar una con otras las nacionalidades españolas y todas con el Estado"[31]. Y el ideario de la Liga Regionalista es recogido por Enric Prat de la Riba en el ensayo político "La nationalitat catalana", donde se reivindica un Estado catalán en unión federativa con los estados de las otras nacionalidades de España, y que fue traducido al castellano en 1917 por Antonio Royo Vilanova.

Durante la I República española, el federalismo español encontró su portavoz en Pi y Maragall. Su pensamiento se tendería a realizar tanto desde el poder —federalismo desde arriba, con el proyecto de Constitución—, como desde abajo —con la revolución cantonal—. Ambos intentos fracasaron. Las motivaciones del regionalismo no eran las mismas que las del federalismo. La doctrina federal tenía como base el principio federativo, pero para los regionalistas este principio era el medio para devolver a las regiones su personalidad histórica.

El movimiento cantonal será la consumación de la doctrina del ideólogo Pi y Maragall, no del político, pues si bien en el federalismo cantonal van a confluir el movimiento federalista y el propiamente cantonal, existe entre ellos una diferencia radical: el primero parte del hecho diferencial en sus múltiples dimensiones, y el segundo es provincial, son las provincias las que hacen uso de su autonomía. El cantonalismo se plantea en Valencia, Barcelona, Andalucía, Salamanca, Ávila, Béjar y Cartagena, y la revolución regional sería una de las fuerzas desintegradoras de la I República de 1873.

---

31 Barcia, A., "Los regionalistas catalanes", El Liberal, 25 de marzo de 1916. Citado por Juliá, S., *Transición, Historia de una política española (1937-2017)*, Galaxia Gutenberg, Barcelona, 2017, pág. 454.

Los constituyentes de la II República, por su parte, eran conscientes de que iban a dar a España una nueva estructura política basada en las regiones y, entre las fórmulas unitaria y federal se optó por el Estado integral, definido así por el artículo 1° de la Constitución de 9 de diciembre de 1931: "La República constituye un Estado integral, compatible con la autonomía de los municipios y regiones". Y el artículo 8° señala: "El Estado español, dentro de los límites irreductibles de su territorio actual, estará integrado por municipios mancomunados en provincias y por las regiones que se constituyan en régimen de autonomía".

El Estado integral era definido de este modo por el diputado Jiménez de Asúa[32]: "Frente al Estado unitario, tiene el integral la ventaja, en nuestro caso, de ser compatible, sin imponerlas, con diversos grados de autonomías regionales, cuando sean pedidas y procedentes, junto a un régimen de vinculación de otros territorios nacionales no preparados para aquellas formas de autarquía. Y frente al Estado federal, tiene el provecho de permitir, sin desnaturalizarse, la existencia de estos territorios, ligados por una estrecha dependencia político-administrativa al Estado... junto a aquellas otras regiones que quieran y estén capacitadas para asumir funciones de autodeterminación, en grado de distinta intensidad, que son variantes de matiz en las posibles autonomías regionales, sin imponer una relación uniforme entre el Estado y unos y otros territorios"[33].

Aunque con la Constitución de la II República todas las provincias que tomaran la iniciativa y cumplieran los requisitos[34] tenían la posibilidad de con-

---

32 Jiménez de Asúa, L., Diario de Sesiones de las Costes Constituyentes de la República Española, 27 de agosto de 1931, págs. 644-645.

33 Ferrando Badía, J., "Corrientes doctrinales de descentralización política en la España de los siglos XIX y XX", Corts: Anuario de derecho parlamentario, ISSN 1136-3339, N°. 3, 1997, págs. 17-40, págs. 24-31.

34 Artículo 11 Constitución de 9 de diciembre de 1931: "Si una o varias provincias limítrofes, con características 'históricas, culturales y económicas, comunes, acordaran organizarse en región autónoma para formar un núcleo político administrativo, dentro del Estado español, presentarán su Estatuto con arreglo a lo establecido en el art. 12. En ese Estatuto podrán recabar para sí, en su totalidad o parcialmente, las atribuciones que se determinan en los artículos 1.5, 16. y 18 de esta Constitución, sin perjuicio, en el segundo caso, de que puedan recabar todas o parte de las restantes por el mismo procedimiento establecido en este Código fundamental. La condición de limítrofe no es exigible a los territorios insulares entre sí. Una vez aprobado el Estatuto, será la ley básica de la organización político-administrativa de la región autónoma, y el Estado español la reconocerá y amparará como parte integrante de su ordenamiento jurídico".

vertirse en regiones autónomas, sólo las provincias catalanas se constituyeron en región autónoma en virtud del Estatuto de Cataluña (el Estatuto de Galicia, aprobado por referéndum de 28 de mayo de 1936, no llegó a aprobarse por las Cortes españolas por el estallido de la Guerra Civil[35]), aprobado por las Cortes Constituyentes de 1932, pero tuvo una corta vida con el levantamiento militar y el golpe de Estado de 1936. El general Franco, que deseaba devolver "a aquellas provincias el honor de ser gobernadas en pie de igualdad con sus hermanas del resto de España", dispuso la liquidación no sólo del régimen de autonomía, sino de la propia Mancomunidad Catalana, revertiendo todas las competencias cedidas a la región catalana por Ley de 15 de septiembre de 1912 (Ley de 5 de abril de 1938, BOE 534, 8 de abril de 1938)[36].

En cuanto al término *regiones*, explica Herrero de Miñón que fue el profesor italiano Ambrosini quien, siguiendo la concepción de Jellinek expresada en la obra *Fragmentos de Estado*, refiriéndose a los Länder de la vieja Austria, junto a las Regiones Autónomas de la entonces joven República española, acuñó, en la década de los años treinta del siglo XX, la denominación de "Estado Regional" para designar una forma intermedia entre el Estado Federal y el Estado Unitario. Partía Ambrosini del examen de un supuesto típico de "fragmento de Estado", los "Reinos y Países" del Imperio de Austria, y concluye caracterizando las "regiones autónomas" según había hecho Jellinek medio siglo más atrás, como cualitativamente diferentes del Estado, pero distintas también de las corporaciones locales descentralizadas, porque gozan de derechos y poderes reconocidos directamente por la Constitución e inmunes a la acción del legislador ordinario, es decir, modificables o revocables tan sólo mediante el procedimiento previsto para la revisión constitucional[37].

En España, el regionalismo es defendido por el movimiento histórico carlista, que surge al plantearse la cuestión sucesoria a la muerte de Fernando VII (1833). Dios, patria, rey y fueros eran sus ideales fundamentales. Las familias, los

---

35 Fue admitido a trámite el 1 de febrero de 1938, pero, en España, no pasó de ahí. Sí se aprobó en 1945 por las Cortes de la II República en el exilio en México.

36 Juliá, S., *Transición, Historia de una política española (1937-2017) cit.*, pág. 457.

37 Herrero y Rodríguez de Miñón, prólogo a *Fragmentos de Estado*, Jellinek, G., Civitas, Madrid, 1981, págs. 34-35. Ambrosini, G., *Un tipo intermedio di Stato fra l'unitario e il federale caratterizzato dall'autonomia regionale*, Rivista di Diritto Pubblico, 1933, págs. 92 y ss.; *Stato ed autonomia regionale nel sistema della cessata monarchia austriaca e dell'attuaele republica spagnola*, Il circolo giuridico, II, 1933.

municipios y las regiones serían entidades naturales que tendrían sus derechos y prerrogativas inalienables. Defienden los fueros, pero también la unidad nacional a través de la variedad regional, lo que les hace enfrentarse al nacionalismo vasco y catalán. La región tiene una personalidad histórica y por tanto una personalidad jurídica, dirá el Carlismo, unos derechos civiles y políticos que, reconocidos por el Estado, son los que llamamos fuero. Aunque podemos distinguir en un regionalismo nacional y un nacionalismo regionalista, que es separatista. Para el primero, España es una congregación de regiones que tienen personalidad histórica y jurídica distinta. Para los separatistas, España tiene una unidad política, el Estado, pero está formada por una variedad de naciones que no tienen una misión común que cumplir. Por eso, para el primero, unidad religiosa y unidad monárquica tradicional serían las bases de la nacionalidad española y la fuerza centrípeta que mantendría en unidad los distintos reinos que, en caso contrario, serían arrastrados a la descomposición separatista[38].

Tras la victoria del bando rebelde en la Guerra Civil, la España republicana en el exilio sigue planteando propuestas sobre una España plurinacional. En el año 1940 se crearon en Londres el Consell Nacional de Catalunya, presidido por Carles Pi i Sunyer, y el Consejo Nacional Vasco, presidido por Manuel de Irujo, que compartían la misma política y mantenían frecuentes contactos con el Gobierno británico y con la Francia libre del general De Gaulle. Y en Buenos Aires, en mayo de 1941, los representantes vascos, catalanes y gallegos de las organizaciones locales decidieron confirmar el pacto de la triple alianza firmado en Barcelona en 1923 para dar vida a Galeuzca[39], manifiesto en el que se acordaba, además de la soberanía de cada nación peninsular, compatible con una federación pactada y la forma republicana de gobierno, que ninguna de las tres naciones (Galicia, Euskadi y Cataluña) debía aceptar por separado un régimen

---

38 Ferrando Badía, J., "Corrientes doctrinales de descentralización política en la España de los siglos XIX y XX" cit., págs. 19-22.

39 El primer pacto Galeuzca fue firmado en la sede del Centre Autonomista de Dependents del Comerç i de la Indústria (CADCI) el 11 de septiembre de 1923 por representantes de varias asociaciones y partidos: de Cataluña, de Estat Català Francesc Macià, de Unió Catalanista Josep Riera y Pere Manen, y de Acció Catalana Jaume Bofill y Antoni Rovira i Virgili; de Galicia, de las Irmandades da Fala Alfredo Somoza y Federico Zamora y de la Irmandade Nazonalista Galega Vicente Risco; y del País Vasco, Elias Gallastegi Gudari, José Domingo Arana, Manuel Eguileor y Telesforo Uribe-Etxebarría, del Partido Nacionalista Vasco (más tarde se unieron Julien Arrien y Jesús María de Leizaola, de Comunión Nacionalista Vasca).

de autonomía concedido por el Estado español, salvo que las circunstancias lo aconsejasen, teniendo que ser en ese caso la autonomía igual y simultánea para las naciones integrantes del Estado español. Puestas sus esperanzas en la inminente apertura de la Asamblea de las Naciones Unidas y una solución para terminar con el régimen franquista en España, el Consell Nacional de Catalunya aspiraba a crear una nueva Comunidad Hispánica en la que las diversas naciones encuentren su expresión mediante la independencia de cada una y la interdependencia de todas, cada una con el derecho a autogobernarse libremente dentro de una Confederación. Y no faltaron las propuestas castellanas para el reconocimiento de todas las nacionalidades españolas, como proponía Luis Carretero Nieva en un opúsculo sobre *Las nacionalidades españolas*[40], donde señalaba que la nación es una comunidad estable históricamente formada como resultado secular sobre un mismo suelo, comúnmente sentida y aceptada, que da origen a hábitos de pensar y sentir reflejados en una comunidad de cultura y a veces un idioma propio. Y dentro de la variedad de los pueblos españoles hace la siguiente clasificación de nacionalidades: grupo vasco- castellano, formado por las nacionalidades de Vasconia, Castilla, Navarra y Aragón; grupo astur-leonés o gallego, con Asturias, León, Galicia y Portugal; grupo catalán, con Cataluña; grupo andaluz, con Andalucía; grupo de las Extremaduras, derivado del leonés, que incluye Extremadura, La Mancha y Murcia; grupo derivado del catalán, con Valencia y las Islas Baleares; y un último grupo que incluiría a las Islas Canarias[41].

Como destaca Juliá[42], a finales de los años 40 del siglo XX, hay una diferencia radical en el pensamiento autonomista de la España en el exilio: los que defienden un Estado como Confederación de Naciones Ibéricas (Galicia, Euskadi y Cataluña, como nacionalidades previas que pactan con España, como cuarta nación) y quienes la imaginan como una Federación de Nacionalidades Españolas, en la que Galicia, Euskadi y Cataluña entran en pie de igualdad con León, Castilla-La Mancha, Andalucía, Aragón, Navarra, Asturias, Valencia, Extremadura, Murcia, Islas Baleares e Islas Canarias.

40 Carretero Nieva, L., "Las nacionalidades españolas", suplemento de *Las Españas*, México, 1948.

41 Juliá, S., *Transición, Historia de una política española (1937-2017) cit.*, págs. 458-465.

42 Juliá, S., *Transición, Historia de una política española (1937-2017) cit.*, pág. 465.

Ya en la Transición, como explica Juliana[43], el término nacionalidades aterrizó en España desde México en el léxico de la izquierda española, que se preparaba para el día después del franquismo. Los jóvenes cuadros socialistas leían a Anselmo Carretero, un socialista castellano exiliado en México que había construido su propia teoría federal: España, nación de naciones. Carretero defendía que España debía ser una unión voluntaria de sus pueblos. Pueblos, nacionalidades, no simples regiones. "Una nación formada por diversos pueblos, una nacionalidad superior que comprende varias nacionalidades, una nación de naciones"[44].

Luego, los conceptos de "nacionalidades y regiones" entraron con calzador en la Constitución española de 1978 (CE), gracias a la insistencia de Jordi Solé Tura (PSUC) y de Miquel Roca Junyent (CDC), con apoyo socialista y de Miguel Herrero de Miñón (UCD), siempre atento a la diversidad del país. Los militares estaban indignados por esta cuestión, había atentados de ETA todas las semanas y estaba muy presente la amenaza de un golpe de Estado, como efectivamente ocurriría el 23 de febrero de 1981.

Podría decirse —dice Juliana— que todas las contradicciones de ese tiempo están condensadas en la redacción del artículo 2 CE, donde se admite que España está compuesta por nacionalidades y regiones y, al mismo tiempo, se repite que la unidad de España es indisoluble ("indisoluble" e "indivisible"). Por primera vez, la Constitución reconoce que España está compuesta por instancias territoriales de distinta naturaleza: nacionalidades y regiones; pero no hubo tiempo para definir en qué consistía esa naturaleza diferente[45].

---

43 Juliana, E., "¿Naciones para todos?", en *Repensar la España plurinacional* (Ana Domínguez (ed.), Icaria, Barcelona, 2017, págs. 125 y 126.

44 Carretero Jiménez, A., *Las nacionalidades ibéricas*, Ediciones de Las Españas, México, 1962, pág. 31. Santos Juliá ve una posible inspiración para a la concepción de Carretero en la obra de Walt Whitman, *Hojas de hierba*, donde habla de la visión de "los americanos de todas las naciones en todo tiempo sobre la tierra" y la imagen de Estados Unidos como "teeming nation of nations". Juliá, S., *Transición, Historia de una política española (1937-2017) cit.*, pág. 466.

45 Juliana, E., "¿Naciones para todos?", *op. cit.*, pág. 117. Según Peces-Barba, el artículo 2 de la CE contiene tres aspectos fundamentales: "Primer aspecto: España-Nación, cuya unidad se afirma vigorosamente; segundo aspecto: España compuesta por comunidades que se califican como nacionalidades y regiones y respecto de las cuales se predica y se garantiza el derecho a la autonomía; tercer aspecto: la necesaria solidaridad entre todas estas nacionalidades y regiones". Peces Barba, G., *La elaboración de la Constitución de*

Para Ferrando Badía[46], nadie quedó satisfecho con esta solución. A unos les molestaba la palabra "nacionalidades", y a otros la parte de la "nación una e indivisible". Hubieran preferido la expresión "Estado plurinacional". Se había llegado a un compromiso político: los nacionalistas centrífugos habían aceptado "la indivisible unidad de la Nación española" a cambio de los cual los nacionalistas centrípetos aceptan "las nacionalidades", por lo que cada tipo de nacionalismo obtuvo a medias lo que quería y se resignaba a conceder lo que quería el otro.

Aunque desde un punto de vista jurídico, esta distinción entre nacionalidades y regiones no tiene ninguna transcendencia en la Constitución[47], fundamentalmente si ponemos en relación el artículo 2 CE con el artículo 1 CE, que señala que "la soberanía nacional reside en el pueblo español, del que emanan los poderes del Estado", vaciando por tanto de contenido al término nacionalidades[48]. Si bien fuera del artículo 2 CE no vuelve a haber referencia a la distinción entre los términos nacionalidades y regiones, la doctrina y los constituyentes sí han señalado diferencias. Mientras una región sería una unidad territorial dotada de identidad y cohesión propia[49], las nacionalidades tendrían mayor consistencia en su identidad cultural[50], lo que les otorgaría personalidad cultural o histórica[51],

---

1978, CEC, Madrid, 1988, Diario de Sesiones del Congreso, 4 de julio de 1978, pág. 3800.

46 Ferrando Badía, J., "Corrientes doctrinales de descentralización política en la España de los siglos XIX y XX", cit., págs. 34-35.

47 Solozábal Echevarría, J. J., "Nación, nacionalidades y autonomías en la Constitución de 1978. Algunos problemas de la organización territorial del Estado", en *Sistema*, número 38-39, 1980, pág. 276; López Aguilar, J. F., "Constitución, autonomía y hecho diferencial. El Estado autonómico y el hecho diferencial constitucionalmente relevante", *Cuadernos de Derecho público*, núm. 2, Instituto Nacional de Administración Pública (INAP), 1997, pág. 59; Muñoz Machado, S., *Derecho Público de las Comunidades Autónomas*, Iustel, Madrid, 2007, pág. 191.

48 Ferrando Badía, J., "Corrientes doctrinales de descentralización política en la España de los siglos XIX y XX" cit., pág. 36.

49 Solozábal Echevarría, J. J., *Nación, nacionalidades y autonomías en la Constitución de 1978, op. cit.*, pág. 266.

50 Sánchez Agesta, L., *El sistema político de la Constitución española de 1978. Ensayo de un sistema*, segunda edición, Ed. Nacional, Madrid, 1981, pág. 347.

51 Arias Salgado, R., Diario de Sesiones del Congreso, 12 de mayo de 1978, Madrid, 1978, pág. 2266.

y las convierte en regiones cualificadas[52]. Aunque hay quien piensa que no hay ninguna distinción entre los dos términos, pues una región sería también "una realidad geográfica, económica, histórica y cultural vivida en común y con voluntad de proyectar, en la vida pública, su propia personalidad"[53].

En todo caso, la diferencia no estaría en un nivel jurídico, constitucional, sino sociológico, "en el mayor o menor grado de concienciación de la propia identidad colectiva y en su voluntad de mantenerla, asegurarla, desarrollarla y proyectarla mediante la superestructura jurídica adecuada" (...) "Lo que sí es bien cierto es que, a tenor de la definición "culturalista" de nacionalidad cristalizada en el artículo 2° de la Constitución (y al margen de la historia y de la teoría política), cada pueblo español, tanto como los vascos, gallegos y catalanes, tiene merecido el derecho de autodefinirse "nacionalidad" para designar su propia comunidad histórica, caracterizada por una historia, una cultura diferenciada, una o varias lenguas (como "simples instrumentos" de intercomunicación social) y una conciencia y voluntad de identidad colectiva, de mantenerla y proyectarla mediante leyes e instituciones ajustadas"[54].

El reconocimiento histórico de la diversidad de los pueblos que conforman España, y la necesidad de que los nacionalistas catalanes, vascos y gallegos aprobaran el texto constitucional, llevó a la inclusión en el articulado de esta diferencia conceptual que, sin embargo, no tenía, a priori, consecuencias jurídicas[55], pero que ha ido tomando relevancia en los últimos años.

---

52 Solozábal Echevarría, J. J., *Nación, nacionalidades y autonomías en la Constitución de 1978*, *op. cit.*, pág. 266. Sánchez Agesta, L., *op. cit.*, pág. 273.

53 Ferrando Badía, J., "Corrientes doctrinales de descentralización política en la España de los siglos XIX y XX", cit., pág. 37.

54 Ferrando Badía, J., "Corrientes doctrinales de descentralización política en la España de los siglos XIX y XX", cit., pág. 38.

55 El propio Arias Salgado, que defendió en la comisión constitucional la inclusión del concepto nacionalidad, diría: "El vocablo nacionalidad del artículo dos no es ni puede ser fundamento de un proceso de independencia atentatorio a la unidad española. No es ni puede ser fundamento de un derecho a constituirse en Estado, sino sólo de un derecho a tener un régimen de autonomía. No es ni puede ser el fundamento para legitimar una autoridad soberana, porque la soberanía es patrimonio exclusivo de la Nación española. Finalmente, no es ni puede ser tampoco fundamento para reclamar la aplicación del principio de las nacionalidades o del principio de la autodeterminación porque se sobrepone la realidad histórica como unidad política nacional en la que no existen mi-

De hecho, el concepto nacionalidad ha empezado a recogerse también en los estatutos de autonomía, y así (además de País Vasco, Cataluña y Galicia) lo hacen Andalucía, Comunidad Valenciana, Aragón, Canarias e Islas Baleares.

López Aguilar[56] abunda en esta cuestión:

"No cabe deducir consecuencias jurídicas permanentes, fijas o «congeladoras» de un statu quo diferencial a partir de la cláusula de autorreconocimiento o autocalificación como «nacionalidad» o como «región»". (...) "En la medida, además, en que esa calificación no se cierra sobre sí misma ni es inmodificable (está al alcance de cualquier poder de reforma estatutario generalizar o no una calificación u otra, jurídicamente hablando, aun cuando políticamente las reglas de lo previsible nos den señales en contrario), deberemos añadir de inmediato que lo que no es estructural, o, con otras palabras, lo que es en sí provisional o modificable a través de poderes constituidos —es decir, todo aquello que no tenga una relevancia constitucional estructural, sino episódica—, ni tan siquiera en el plano de lo competencial, puede constituir basamento suficiente para una teorización sobre hechos diferenciales constitucionalmente relevantes. Por contra, si lo constitucional es materialmente supremo, jerárquicamente superior y lógicamente fundante del resto del ordenamiento, el hecho diferencial constitucionalmente relevante ha de ser identificado a partir de la individuación de su presencia y significación, así como de su permanencia en el tiempo y su vocación estructural, definitoria, en suma, de un rasgo del modelo del Estado".

Se mezcla así una realidad sociopolítica de índole cultural e ideológica, que sería la nación[57], para cuya existencia no es necesaria la existencia de un territorio[58], con una realidad político-institucional, que sería el Estado, cuya existen-

---

norías o pueblos bajo la dominación colonial". Arias Salgado, R., Diario de Sesiones del Congreso, cit., pág. 2269.

56 López Aguilar, J. F., "Constitución, autonomía y hecho diferencial. El Estado autonómico y el "hecho diferencial constitucionalmente relevante", *Cuadernos de Derecho público*, núm. 2, Instituto Nacional de Administración Pública (INAP), Madrid, 1997, pág. 59.

57 Max Weber define la nación como "una comunidad de sentimiento que se manifiesta de modo adecuado en un Estado propio; en consecuencia, una nación es una comunidad que normalmente tiende a producir un Estado propio". Weber, M., *Economía y sociedad. Esbozo de una sociología comprensiva*, Fondo de Cultura Económica, México, 1984, pág. 682.

58 Beiras, X. M., "Las cuestiones nacionales en el Estado español actual", en *Repensar la España plurinacional* (Ana Domínguez (ed.), Icaria, Barcelona, 2017, págs. 66-67. Carl

cia requiere de los tres elementos básicos: territorio, población y poder, según la concepción de Jellinek[59]. Pero Jellinek admitía también las desvinculación de estos tres elementos, que serían los "fragmentos de Estado": un territorio sin población ni gobierno propio, una población y un territorio sin gobierno, y un gobierno estatal sin un territorio o una población exclusivos, es decir, la posibilidad de que existan elementos gubernamentales, distintos del gobierno estatal, en el ámbito territorial y personal de la competencia del Estado[60].

Herrero de Miñón habla de la "monarquía plurinacional española":

"La plurinacionalidad asimétrica de España, el carácter diferencial que no federal de su estructura, plantea problemas que si no se solucionan producen frustraciones, tensiones y aun situaciones lacerantes, que todos, en verdad, lamentan. La plurinacionalidad no constituye amenaza alguna para la integridad de España, porque es parte esencial de su ser profundo. Pero sí es un grave riesgo para dicha integridad el desconocimiento de este rasgo constitutivo de su propia estructura. La realidad suele vengarse de quienes la ignoraran". (...) (Y no se trata de reconocer una autonomía más o menos amplia en el cuerpo nacional) "sino de reconocer la existencia de cuerpos políticos diferentes, sin perjuicio de poder compartir la misma estructura estatal". (...) "No se trata de subsumir unas naciones sin Estado, calificables de históricas, culturales o lingüísticas, en el Estado de otra Nación, sino en hacer a las diferentes naciones copropietarias de un Estado común. No habría así naciones con Estado o sin Estado, sino un Estado, común a varias naciones o, lo que es lo mismo, naciones que coparticipan de un mismo Estado. Ese es el verdadero Estado plurinacional". (...) "Y ello significa nada más que reconocer expresamente la singularidad nacional de Cataluña, Galicia

---

Schmitt destacaba las diferencias entre nación y pueblo: "Con frecuencia se consideran como equivalentes los conceptos de nación y pueblo, pero la palabra "nación" es más expresiva e induce a menos error. Designa al pueblo como unidad política con capacidad de acción y con conciencia de su singularidad política y voluntad de existencia política, mientras que el pueblo, que no existe como nación, es una mera asociación de hombres unidos de algún modo por comunes pertenencias étnicas o culturales". Schmitt, C., *Verfassungslehere*, Duncker&Humblot, Berlín, 1928, pág. 79.

59 "Hoy el Estado se nos aparece fundamentalmente como dotado de unidad territorial, unidad de pueblo y unidad de poder". Jellinek, G., *Teoría General del Estado* (traducción de Fernando de los Ríos), Fondo de Cultura Económica, México, 2000, pág. 571.

60 Herrero y Rodríguez de Miñón, prólogo a Fragmentos de Estado, Jellinek, G., Civitas, Madrid, 1981, págs. 27-28.

y Euskadi y la realidad foral navarra. Para ello sirven los Derechos Históricos respectivos, puesto que la Constitución los ampara y respeta. De esta calificación habrá que deducir singularidades simbólicas, institucionales y de configuración de fuerzas políticas. De ahí, deducir que los nacionalismos no son anomalías para absorber, sino singularidades plenamente legítimas y permanentes. Por último, distinguir, para comprender y actuar mejor, entre la deseable contribución nacionalista a la gobernación del Estado y las consecuencias institucionales de la plurinacionalidad, incluida la necesaria construcción de lo que he denominado supranacionalidad". (...) "No será el Estado de un cuerpo nacional, puesto que son varias las naciones que lo habitan, pero será un Estado supranacional"[61].

La CE recoge en la Disposición Adicional Primera los hechos diferenciales, los Derechos Históricos, lo que puede significar un agravio comparativo en el caso de Cataluña. Herrero de Miñón insiste en esta idea:

"Es difícil negar que existen Comunidades Autónomas, llamadas históricas, más semejantes a Euskadi y Navarra que a Madrid. Tal es el caso de Cataluña y, probablemente, el de Galicia. Y ello no por razones de frívola simetría administrativa sino por una "identidad de razón política" capaz de justificar un tratamiento analógico como ocurrió en la elaboración estatuaria y debiera ocurrir a la hora de determinar su posición constitucional y consecuencias competenciales. A primera vista, el término "nacionalidades" del artículo 2 CE podría haber servido a tal efecto, una vez que recibió, por obra de los Estatutos Vasco y Catalán, un sentido identificatorio de singularidades y no meramente descriptivo de una categoría. Los Derechos Históricos tácitos serían así los de las nacionalidades. Pero la difusión de la fórmula en Estatutos de muy distintas comunidades (Valencia desde el comienzo; y Canarias y Aragón más recientemente) lo ha desvalorizado a efectos de fundamentar la necesaria heterogeneidad. Sin embargo, la solución al problema de la titularidad tácita de los Derechos Históricos podría venir a través de una constatación histórica simple. En efecto, si se pone en relación la Adicional Primera de la Constitución con la Transitoria Segunda del mismo texto, resulta que la primera se remite a una historicidad ajena a la Constitución y la segunda hace otro tanto respecto del hecho, no menos ajeno a la Constitución, de haber plebiscitado con anterioridad Estatutos de Autonomía, lo cual ocurre precisamente, y así se tuvo en cuenta, además de en Euskadi, cuyos Derechos Históricos son expresos, en Cataluña y Galicia. La remisión a la

---

[61] Herrero y Rodríguez de Miñón, *Derechos Históricos y Constitución*, *op. cit.*, págs. 15- 17, 39 y 43.

historicidad de la Adicional Primera podría, así, concretarse con la remisión a la historicidad de la Transitoria Segunda y la categoría de Derechos Históricos recibir así una nueva acepción más amplia, puesto que el principio de legitimidad democrática que supone haber plebiscitado la autonomía puede considerarse, a su vez, un Derecho Histórico, máxime si se entiende como una reanudación del tracto con una autonomía política perdida de hecho, pero nunca prescrita". (...) "Al hilo de esta constatación cabe avanzar un paso más y reivindicar para quienes he calificado de titulares de Derechos Históricos tácitos una posición constitucional diferente de las restantes Comunidades Autónomas, más acorde con su naturaleza política"[62].

Aunque Ortega y Gasset pensaba que el problema catalán era irresoluble, y sólo se puede conllevar ("al decir esto, conste que significo con ello no solo que los demás españoles tenemos que conllevarnos con los catalanes, sino que los catalanes también tienen que conllevarse con los demás españoles"[63]), Juliana[64] piensa que a la nación catalana le quedan tres caminos: encapsularse y extinguirse lentamente; buscar desesperadamente la independencia; o intentar la consecución de un estatuto confederal que le garantice el autogobierno y la continuidad nacional en el marco estatal español. Y se pregunta que, si el País Vasco (y habría que añadir a Navarra y el Convenio) ya tiene ese estatuto "confederal", articulado alrededor del Concierto foral, ¿por qué no lo puede tener Cataluña, sobre otras bases que garanticen la solidaridad de los españoles?

Son reivindicaciones que en Cataluña han llevado a confundir el derecho a decidir y el derecho a la autodeterminación[65], basándose en una idea compartida

---

62 Herrero y Rodríguez de Miñón, *Derechos Históricos y Constitución*, *op. cit.*, págs. 109 y 111.

63 Ortega y Gasset, J., *España invertebrada y otros ensayos*, Madrid, Alianza Editorial, 2014 (1931), págs. 56-57.

64 Juliana, E., "¿Naciones para todos?", *op. cit.*, pág. 131.

65 También puede ejercerse el derecho a la autodeterminación para convertirse en un Estado libre asociado a España, como planteó el lehendakari Juan José Ibarretxe en el denominado Plan Ibarretxe, propuesta de Estatuto Político de la Comunidad de Euskadi presentada por el Gobierno el 25 de octubre de 2003 y aprobado por el Parlamento Vasco el jueves 30 de diciembre de 2004. En enero de 2005, el presidente del Parlamento Vasco entregó la propuesta de Estatuto al presidente del Congreso, para su debate y votación, siendo rechazado el 1 de febrero por 313 votos en contra (PSOE, PP, IU, CC y CHA), 29 a favor (PNV, ERC, CiU, EA, NaBai y BNG) y 2 abstenciones (ICV). En el plano internacional, es interesante analizar la relación de Puerto Rico como Estado

solamente por un conjunto de individuos que participarían de una misma identidad nacional y tendrían derecho a la soberanía, un derecho a decidir aparte, que se convertiría en un derecho de secesión[66], que puede entenderse como la decisión (y el derecho de aparejado) de un conjunto de individuos de crear un nuevo Estado apropiándose de una parte de la población y del territorio de un Estado preexistente[67]. Aunque el problema aquí es que una parte más pequeña de la población pretende imponer esa idea al conjunto, tanto en el ámbito de la comunidad catalana, como en el ámbito del Estado español, siendo el pueblo español el titular de la soberanía, tal y como señala el artículo 1.2 de la CE: "La soberanía nacional reside en el pueblo español, del que emanan los poderes del Estado" y ha reiterado el Tribunal Constitucional en su jurisprudencia (por todas, STC 114/2017 sobre la Ley del Parlamento de Cataluña 20/2017, de 8 de septiembre, denominada "de transitoriedad jurídica y fundacional de la República").

Pero, como explica Pérez Tapias, dado un pacto legítimo como es la CE, se puede hablar del derecho a decidir, pero sin saltarse la ley:

"En tanto que el derecho a decidir se asimila al derecho de autodeterminación[68], recae sobre aquel toda la batería argumentativa para decidir por qué no se considera aceptable en situaciones como las de nuestras "nacionalidades históricas". Desgraciadamente, se ha propiciado —tanto desde el inmovilismo del PP como del independentismo— esta interesada equiparación. Además de tal confusión, se ha producido también el solapamiento entre autodeterminación y autogobierno, frenando lo segundo en nombre del rechazo a la primera" (...). "En cualquier caso, cuando la dinámica del autogobierno y de las reivindicacio-

---

Libre Asociado a Estados Unidos. Para un análisis reciente, véase Fernós López-Cepero, M. J., "Evolución constitucional de Puerto Rico dentro del marco de la federación de Estados Unidos", en *Federalismo y Constitución* (Moreno Flórez, R. Mª, dir.), Dykinson, Madrid, 2020.

66 Ovejero, F., *Secesionismo y democracia*, *op. cit.*, págs. 65-67.

67 Ovejero, F., *Secesionismo y democracia*, *op. cit.*, pág. 41.

68 Según la concepción liberal de Ludwig von Mises, "el derecho a la autodeterminación, en lo que atañe a la cuestión de pertenencia a un Estado, significa por tanto lo siguiente: si los habitantes de un territorio determinado (ya sea este un solo pueblo, una zona entera o una serie de zonas adyacentes) hacen saber, mediante un plebiscito llevado a cabo libremente, que no desean continuar unidos al Estado al que pertenecen en ese momento, sino que desean formar un Estado independiente o unirse a algún otro Estado, entonces sus deseos deben ser respetados y cumplidos"; Mises, L. von, *Liberalismo. La tradición clásica*, Unión Editorial, Madrid, 2011, pág. 129.

nes legítimas en torno a él llevan a que las exigencias de reconocimiento político se acentúen hasta el punto de invocar el derecho a decidir, este no puede escamotearse, siempre que se plantee adecuadamente, en procesos legales con claridad en todo o lo relativo a qué hay que decidir (la cuestión que se consulta), cómo se ha de decidir (incluyendo los porcentajes de participación y de voto a favor en los referéndums) y quién ha de hacerlo (cuerpo legal que ha de pronunciarse). Tal tipo de cosas son las que recogió en su día la Ley de Claridad con la que en Canadá se abordaron los referéndums sobre la secesión o continuidad de Quebec en el Estado federal"[69].

Pérez Tapias defiende la vía de un federalismo social y cooperativo que desemboque un Estado federal plurinacional.

Pero hay que recordar que la gran mayoría de los Estados democráticos no admiten la secesión[70] si no se dan dos reglas básicas: la primera es que esa decisión debe ajustarse a Derecho, lo que excluye toda pretensión de unilateralidad; y la segunda es la claridad: una consulta clara, una mayoría clara y una negociación transparente y precisa, lo que tiene además una consecuencia: la exigencia de buena fe. Por poner ejemplos cercanos, las Constituciones de Francia y Portugal, además de la cláusula de indivisibilidad, incluyen también una cláusula de intangibilidad, que veta la revisión constitucional cuando ponga en juego la integridad del territorio nacional[71].

Y España está lejos de ser el único Estado democrático que afirma ser una entidad indisoluble, como recalca Stéphane Dion, diplomático canadiense y profesor de ciencias políticas en la Universidad de Montreal, y que fue el ministro de Asuntos Intergubernamentales que patrocinó la Ley de claridad en el Parlamento canadiense. Además de Francia y Portugal tenemos a Italia, países federales como Estados Unidos y Australia, y casi todos los Estados democráticos se consideran entidades inseparables. Muchos afirman su indivisibilidad en su

---

69 Pérez Tapias. J. A. "La cuestión de las naciones en el Estado español", en *Repensar la España plurinacional* (Ana Domínguez (ed.), Icaria, Barcelona, 2017, págs. 144-147.

70 La secesión unilateral sería aquella que se lleva a cabo sin el consentimiento del Estado y sin sanción constitucional. "Secession that is undertaken without the consent of the state and without constitutional sanction". Buchanan, A, "Secession", *The Stanford Encyclopedia of Philosophy*, Zalta, E., N., ed., Department of Philosophy, Stanford University, 2017, https://plato.stanford.edu/

71 De Lucas, J., "Una presentación", en *Condiciones de la secesión en democracia (reflexiones a partir de la experiencia canadiense*, Tirant lo Blanch, Valencia, 2024, págs. 11-12.

constitución o en su jurisprudencia. Como resumió la Comisión Europea para la Democracia a través del Derecho (la conocida como Comisión de Venecia) después de examinar las constituciones de sus Estados miembros: "Decir que la secesión es contraria al derecho constitucional nacional sería quedarse corto (...). La Constitución generalmente se opone a la secesión y, en cambio, enfatiza conceptos como la integridad territorial, la indivisibilidad del Estado y la unidad nacional". Los estados democráticos no sólo tienden a rechazar legalmente la secesión en sí mismos, sino también a no reconocerla en otros cuando se hace de manera unilateral. De hecho, ningún Estado del mundo reconoció la resolución del Parlamento de Cataluña del 27 de octubre de 2017, que declaraba la independencia de España y la fundación de una República Catalana independiente[72]. Y "ningún estado que haya sido creado por secesión unilateral ha sido admitido en las Naciones Unidas en contra de los deseos declarados del gobierno del Estado predecesor"[73].

También el derecho comunitario se refiere al respeto a la integridad del territorio de los Estados miembros (artículo 4.2. TUE), por lo que una declaración de independencia unilateral efectiva de Cataluña supondría su salida de la UE. Sobre la declaración de 2017, el presidente del Parlamento Europeo, Antonio Tajani, señaló: "La declaración de independencia votada hoy en el Parlamento catalán es una violación del Estado de derecho, de la Constitución española y del Estatuto de Autonomía de Cataluña, que forma parte del marco legal de la UE. Nadie en la Unión Europea reconocerá esta declaración"[74]. Es el derecho a la ciudadanía, el derecho a pertenecer a todo el país (a todo el territorio nacional) de cada ciudadano, lo que hace que sea tan difícil conjugar la secesión con la democracia, ya que las democracias tienen derecho a declararse indivisibles, pues

---

72 Dion, S. "Porqué los estados democráticos se oponen a la secesión unilateral", en *Condiciones de la secesión en democracia (reflexiones a partir de la experiencia canadiense,* Tirant lo Blanch, Valencia, 2024, págs. 29 y 31.

73 Crawford, J., "Satate Practice and International Law in Relation to Unilateral Secession: Report, Departament of Justice", University of Gambridge, 19 de febrero de 1997, párrafo 16 Citado por Dion, S., "¿Por qué los estados democráticos se oponen a la secesión unilateral?"... cit., pág. 23. https://is.muni.cz/el/law/jaro2006/MP803Z/um/1393966/INTERNATIONAL_LAW_AND_UNILATERAL_SECESSION.pdf.

74 European Parliament, "European Parliamente President statement on de situation in Catalonia", 27 de octubre de 2017, http://www.europarl.europa.eu Citado por Dion, S. "Porqué los estados democráticos se oponen a la secesión unilateral"... cit., pág. 31.

no se les puede arrebatar ninguna parte del territorio nacional a los ciudadanos que deseen conservarlo[75].

Sin embargo, en un sentido material, quizá España haya ido más allá de lo que se entiende por un Estado federal, y que funcione, de hecho, como un Estado plurinacional. Y para ello basta fijarse en las competencias normativas de las CCAA y asumidas por en sus estatutos de autonomía, caso de País Vasco, Cataluña y Galicia, pero también de Andalucía, Comunidad Valenciana, Aragón, Islas Canarias e Islas Baleares. El problema que se plantea es si una vez que otras comunidades autónomas, y no sólo las históricas, asumen el término nacionalidad, esta identidad debe reconocerse a todas las comunidades autónomas en un plano de igualdad o si aún tienen razón de ser los hechos diferenciales. Y la clave está en si un estatuto cuasi confederal para Cataluña, además de para el País Vasco y Navarra, es compatible con la solidaridad entre todos los españoles.

3.2. UN ESTADO MATERIALMENTE FEDERAL

Desde mi punto de vista, y como he comentado en otros trabajos[76], el Estado autonómico funciona materialmente como un Estado federal, con dos grandes Administraciones territoriales, Estado y CCAA, financiadas por un sistema en el que comparten las figuras tributarias que dan lugar a mayor recaudación y que suponen el grueso de los recursos públicos en España, donde más del 40% de los impuestos son asignados o recibidos por las CCAA y las Corporaciones Locales (CCLL), el nivel más elevado de todos los países de la UE y muy por encima de la media, que se sitúa en el 10%[77]. Las CCAA constituyen en la actualidad la mayor de las Administraciones Públicas españolas, absorbiendo más de un tercio de su gasto final total y más de la mitad de su personal, y gestionan muchos de los servicios públicos con una incidencia más directa sobre el bienestar de los ciudadanos,

---

75 Dion, S. "Porqué los estados democráticos se oponen a la secesión unilateral"... cit., págs. 167 y 178-179.

76 Fundamentalmente, Pérez Zúñiga, J. Mª., *Estado autonómico y federal*, Aranzadi, Pamplona, 2021; y Pérez Zúñiga, J. Mª., *Alternativas al sistema de financiación de las CCAA: hacia un nuevo modelo de organización territorial del Estado*, Aranzadi, Pamplona, 2018, en cuyas tesis principales profundizo aquí.

77 Hernández de Cos, P., y López Rodríguez, D., *Estructura impositiva y capacidad recaudatoria en España: un análisis comparado con la UE*, Documentos Ocasionales Nº 1406, Banco de España, Madrid, 2014, pág. 13.

incluyendo la sanidad, la educación y los servicios sociales[78]. En ese sentido, no está de más recordar que la autonomía política que se ejerce normalmente en estos parlamentos es esencialmente un "poder de autodeterminación", tal como lo definía Entrena Cuesta[79].

Nos encontramos en un Estado materialmente federal, pero asimétrico, en dos niveles. En un primer nivel, porque hemos de diferenciar las CCAA de régimen común del País Vasco y Navarra, que tienen un sistema de financiación propio, regido a través del Concierto y el Convenio, que establecen una relación de bilateralidad —y privilegiada, lo que crea conflictos con el resto de las CCAA y singularmente con Cataluña, con la que podría articularse una relación semejante, como se pretende actualmente, cuestión a la que nos vamos a referir en el capítulo siguiente—. Y, en un segundo nivel, porque dentro de las CCAA de régimen común también hay diferencias impositivas, fundamentalmente en lo que se refiere a los impuestos estatales cedidos. Por eso, debemos destacar que, en un sentido fiscal, la singularidad representa la normalidad actual española.

Sin embargo, este sistema no ha satisfecho las demandas de autonomía en Cataluña. Tal vez, el error se encuentre en la generalización de las autonomías sobre el modelo catalán en virtud de los pactos autonómicos de 1981, y no a partir de la Constitución, que preveía un modelo distinto[80], previsto únicamente para las nacionalidades históricas (País Vasco, Cataluña, Galicia)[81], pero no para

78 VV.AA., *Informe de la Comisión de Expertos para la revisión del Modelo de Financiación Autonómica*, Ministerio de Hacienda y Función Pública, Madrid, 2017, pág. 3.

79 Entrena Cuesta, R., *Curso de Derecho Administrativo* (9ª edición). Tecnos, Madrid, 1988, V. I/II, págs. 42 y 43.

80 Herrero y Rodríguez de Miñón, *Derechos Históricos y Constitución*, Taurus, Madrid, 1998, pág. 50.

81 "¨Las denominadas históricas, en atención, como es sabido, no a la «perseverancia histórica» de su sentimiento autonómico, sino a la experiencia anterior, durante la II República y la Guerra Civil, de una situación o de una iniciativa de autogobierno regional"; López Aguilar, J. F., "Constitución, autonomía y hecho diferencial. El Estado autonómico y el hecho diferencial constitucionalmente relevante", *Cuadernos de Derecho público*, núm. 2, Instituto Nacional de Administración Pública (INAP), Madrid, 1997, pág. 61. Herrero de Miñón, por su parte, identifica los territorios forales y los titulares de los Derechos Históricos según la Disposición Adicional Primera de la Constitución: "Eran forales los territorios de Navarra, Cataluña, Aragón, Baleares —con el especial régimen del antiguo artículo 13 CC—, Galicia y ciertos territorios de Vizcaya y de Álava"; He-

todas las regiones españolas, lo que constituyó una novación constitucional[82], diluyendo las reivindicaciones históricas mediante su generalización, con el resultado de la exclusión de cualquier reconocimiento de identidades singulares y su substitución por una transferencia generalizada de competencias y recursos y, de otro, el fortalecimiento de las autonomías locales hasta extremos nunca antes alcanzados[83].

Hasta el punto de que las Comunidades Autónomas se han configurado como reproducciones a escala de las instituciones políticas y administrativas del Estado, y han superpuesto a la administración local una administración periférica duplicada, con las consecuencias de la complicación del sistema de financiación autonómico y la duplicidad de figuras tributarias, además de multiplicar la carga tributaria de los ciudadanos. Si se hubieran mantenido los hechos diferenciales, quizá no habría habido mayor problema.

La Constitución planteaba un régimen autonómico de con dos vías, que ha terminado siendo un régimen de dos velocidades, atendiendo a las competencias que se han cedido a País Vasco y Cataluña por las necesidades de gobernabilidad del Estado español, y que podríamos sintetizar así, si nos fijamos en los aspectos políticos de los acuerdos, como explica José Manuel Romero[84]:

"2001. CiU pacta con el PP de José María Aznar: "El mejor modelo de financiación que hemos tenido nunca". En 2001, el Ejecutivo de José María Aznar (PP), ya con mayoría absoluta tras las elecciones celebradas un año antes, acordó con CiU un nuevo modelo de financiación autonómica que establecía por primera vez la cesión a las autonomías de un porcentaje de determinados impuestos estatales, lo que introducía un concepto de corresponsabilidad fiscal en el sistema. Aquella reforma de un modelo que llevaba vigente 21 años en España fue

---

rrero y Rodríguez de Miñón, *Derechos Históricos y Constitución*, Taurus, Madrid, 1998, pág. 149.

82 Vandelli, L., *El ordenamiento español de las Comunidades Autónomas*, Instituto de Estudios de Administración Local, Madrid, 1982; García de Enterría, E., y Fernández, T.R., *Curso de Derecho Administrativo* t. I, Madrid, Civitas, 1982, pág. 107; Herrero y Rodríguez de Miñón, *Derechos Históricos y Constitución*, *op. cit.*, pág. 50.

83 Herrero y Rodríguez de Miñón, *Derechos Históricos y Constitución*, *op. cit.*, págs. 69 y 70.

84 Romero, J. M., *Cataluña, motor de las reformas aprobadas en democracia para mejorar la financiación de las autonomías*, Romero, J. M, El País, 19 de junio de 2024. https://elpais.com/espana/2024-06-19/cataluna-motor-de-las-reformas-aprobadas-en-democracia-para-mejorar-la-financiacion-de-las-autonomias.html

bendecida por los nacionalistas catalanes: "Es sin duda un paso adelante, es el mejor modelo que hemos tenido nunca, con una mejora cualitativa y cuantitativa porque aporta más recursos al sistema de financiación autonómica en sentido global, y en el caso particular de mi grupo, en Cataluña", afirmó en el pleno del Congreso el diputado de CiU Heribert Padrol i Munté. El PSOE votó contra la reforma ante las exigencias que introducía sobre las competencias sanitarias que debían asumir 10 comunidades autónomas.

2009. El tripartido catalán aplaude el nuevo modelo. "Estamos federalizando el Estado con liderazgo desde Cataluña". Ocho años después, con un Gobierno tripartito en Cataluña (PSC, ERC e ICV) y un Gobierno socialista en la administración central, se aprobó una nueva Ley de Financiación Autonómica que mejoraba en 11.000 millones de euros los recursos que llegaban a las comunidades. El PP votó en contra de la reforma con el argumento de que aquel modelo era un traje a la medida de Cataluña. ERC e ICV, socios entonces del PSC en el Gobierno catalán, alabaron en el Congreso el cambio legislativo del sistema de financiación autonómica: "Lo que estamos haciendo con el nuevo modelo es federalizando el Estado con liderazgo desde Cataluña", señaló entonces el portavoz de ICV, Joan Herrera. El nuevo modelo llegó a Cataluña tres años después de aprobado su nuevo Estatuto de Autonomía (2006), impulsado por el tripartito de izquierdas y pactado in extremis con CiU. En ese Estatuto se establecía una inversión estatal en Cataluña similar al peso de esta comunidad en el PIB español. Aquel estatuto tuvo el 73,9% de los votos a favor, con una participación del 48,9%. El texto sólo recogía en su preámbulo que el Parlamento autónomo consideraba a Cataluña una nación y se remitía en muchos de sus artículos a la Constitución española. La sentencia del Tribunal Constitucional que anuló en junio de 2010 varios artículos del Estatut y obligó a interpretar otros de acuerdo con los fundamentos jurídicos de aquel fallo provocó una manifestación encabezada por el entonces presidente catalán, el socialista José Montilla, pero no desencadenó la reivindicación de independencia. Unos meses después, en noviembre de 2010, el Gobierno tripartito pasó a mejor vida con unos malos resultados que les dejaron muy lejos de la mayoría absoluta necesaria para gobernar. CiU recuperó su hegemonía con 62 escaños y regresó al Ejecutivo de Cataluña que había perdido siete años antes.

2012. Rajoy niega el pacto fiscal a Cataluña entre crisis, recortes sociales, y 44.000 millones de deuda. La crisis económica que fabricó millones de parados en España, agitó el mandato de Artur Mas en Cataluña, obligado a recortar el presupuesto de servicios sociales básicos entre fuertes protestas sociales. Con

44.000 millones de euros de deuda, la Generalitat atravesaba una situación desesperada hasta el punto de tener dificultades para pagar las nóminas de sus funcionarios. Su presidente, Artur Mas, reclamó el 20 de septiembre de 2012 un pacto fiscal —un trato privilegiado en financiación— a Mariano Rajoy, vencedor de las elecciones generales de 2011 con una mayoría absoluta aplastante. Rajoy rechazó la propuesta: la administración central atravesaba una situación ruinosa y estaba al borde del rescate. Mas avisó a Rajoy de las consecuencias de aquel rechazo al pacto fiscal y convocó unas elecciones anticipadas con la promesa de iniciar el proceso independentista catalán. Doce años después, la amenaza de la independencia sigue instalada en Cataluña y en España, aunque sus dos primeras intentonas (2014 y 2017) fueron desarticuladas por la acción política y judicial.

2014. La renovación necesaria del sistema que nunca llegó. La reforma del sistema de financiación sigue empantanada desde 2014, cuando tocaba por primera vez renovar el modelo y el Ejecutivo de Mariano Rajoy se negó ante la imposibilidad de mejorar debido a la crisis económica que atravesaba España. El Gobierno de Pedro Sánchez adquirió el compromiso de reformar el sistema, a sabiendas de la complicación que supone poner de acuerdo a autonomías con problemas de financiación muy diversos. Ni siquiera la ideología del partido gobernante supone la defensa de un determinado sistema. De hecho, hay alianzas entre comunidades gobernadas por PP y PSOE para defender un modelo que rechazan otras autonomías donde también mandan PP y PSOE."

¿Vamos también hacia una España plurinacional de dos velocidades?

En nuestro país la mayoría de las figuras tributarias y singularmente las que suponen mayor recaudación, son ya compartidas entre el Estado y las CCAA[85], pues la indefinición inicial del modelo autonómico se ha ido concretado con una sucesiva cesión de competencias, a lo que ha contribuido la coyuntura política. Así, hemos pasado de un sistema en el que se preveía tan sólo la cesión del Impuesto sobre el Patrimonio (IP), el Impuesto sobre Sucesiones y Donaciones (ISD) y el Impuesto sobre Transmisiones Patrimoniales y Actos Jurídicos Documentados (ITPAYJD) (artículo 11 de la primera redacción de la Ley Orgánica

85 Calvo Ortega distingue entre "impuestos compartidos", que serían el IRPF, el IVA y los IIEE, que, con los porcentajes que establece la Ley 22/2009 constituyen una financiación autonómica compartida, e "impuestos cedidos", que son los que gravan el patrimonio, las sucesiones y donaciones, las transmisiones patrimoniales y actos jurídicos documentados, el juego, la electricidad y determinados medios de transporte. Calvo Ortega, R., *Crisis de la financiación autonómica*, Aranzadi, Cizur Menor, 2015, págs. 26 y 27.

de Financiación de las Comunidades Autónomas de 1980), a otro donde con la salvedad del Impuesto sobre Sociedades (IS, cuya territorialización podría ser contraria al artículo 157.2 CE[86]), el Impuesto sobre la Renta de los No Residentes y algunos impuestos especiales (Impuesto Especial sobre el Carbón, Impuesto sobre Primas de Seguros e Impuesto sobre los Gases Fluorados de Efecto Invernadero), el resto de las figuras tributarias, y singularmente las que generan mayor recaudación, como son el Impuesto sobre la Renta de las Personas Físicas (IRPF) y el IVA, se han cedido de un modo u otro a las CCAA.

Esta evolución ha afectado al propio concepto de impuesto cedido[87], tal como lo define el artículo 10.1 de la LOFCA: "Son tributos cedidos los establecidos y regulados por el Estado, cuyo producto corresponda a la Comunidad Autónoma"; pues ahora las Comunidades Autónomas participan de los ingresos del Estado, con competencias normativas sobre los elementos esenciales de estos impuestos. La Ley 30/1983, de 28 de diciembre, que reguló la cesión de los tributos a las CCAA no les otorgaba competencias sobre los impuestos cedidos, limitándose a delegar las competencias del Estado sobre la gestión, liquidación, recaudación, inspección y revisión. Si tenemos en cuenta que los impuestos cedidos van acompañados de atribución de capacidad normativa, la diferencia entre impuestos de las CCAA e impuestos cedidos se ha reducido en términos técnicos notablemente, aunque pueda conservar su validez en el campo político[88].

Un proceso que, sin embargo, no ha satisfecho las demandas de los nacionalistas que, más que competencias, reclaman un reconocimiento de identidad, contestado por el Estado con el ofrecimiento de mayores transferencias y recursos, tanto más abundantes cuanto mayor sea la necesidad de los nacionalistas a la momentánea gobernabilidad, en un círculo vicioso y pernicioso, pues los nacionalistas aceptan esas competencias, pero siguen reclamando su identidad, con una insatisfacción que sigue además creciendo a medida que esas competencias se generalizan a todas las CCAA[89].

---

86 "Las Comunidades Autónomas no podrán en ningún caso adoptar medidas tributarias sobre bienes situados fuera de su territorio o que supongan obstáculo para la libre circulación de mercancías o servicios".

87 Fernández Junquera, M., y García-Ovies Sarandeses, I., "Una visión sobre la financiación autonómica", *Nueva fiscalidad*, núm. 4., 2016, págs. 21 y ss.

88 Calvo Ortega, R., *Crisis de la financiación autonómica*, *op. cit.*, pág. 23

89 Herrero y Rodríguez de Miñón, *Derechos Históricos y Constitución*, *op. cit*, pág. 42.

Con todo, esta cesión de figuras tributarias resulta insuficiente. Las CCAA siguen reclamando recursos al Estado con los que financiar su progresiva asunción de competencias, y los desequilibrios entre las distintas CCAA no se han corregido con un correcto reparto de las materias imponibles, sino con la creación de sucesivos fondos de financiación, más allá del Fondo de Compensación Interterritorial reconocido en la CE[90].

---

90 Adame Martínez ha defendido la necesidad de que el Estado ceda a las CCAA un verdadero espacio fiscal propio que les otorgue mayor margen de maniobra para ejercer su poder tributario. El Estado podría incluso suprimir figuras tributarias, para que las CCAA pudieran crear sus propios tributos sobre esas materias imponibles no gravadas ya por el Estado; Adame Martínez, F. D. "Le système de financement des Communautés Autonomes espagnoles pour le période 1997-2001", *Revue Française de Finances Publiques*, núm. 62. 1998, pág. 1995. O convertir en impuestos propios de las CCAA los impuestos ya cedidos por el Estado, como apuntaban Ferrerio Lapatza (Ferreiro Lapatza, J. J., "Régimen jurídico de la financiación autonómica: la corresponsabilidad fiscal y la STC 150/1990, de 4 de octubre de 1990", *Revista de Hacienda Autonómica y Local* núm. 61., 1991, pág. 82), Pedrós Abelló (Pedrós Abelló, A., "La visión del contribuyente de la cesión de tributos a las CCAA", en AA.VV., *Seminario sobre el papel de los tributos cedidos en la financiación autonómica: un balance*, Quaderns de Treball, núm. 41, Generalitat de Catalunya, Institut d'Estudis Autonòmics, Barcelona.1993, págs. 79-80), Adame Martínez (Adame Martínez, F. D., *Tributos propios de las Comunidades Autónomas*, Comares, Granada, 1996, págs. 603-605), Falcón y Tella (Falcón y Tella, R., "El sistema de financiación en los modelos de Estado: una visión general", en *El sistema de financiación territorial en el modelo de Estado español y alemán*, AA.VV., Ministerio de Administraciones Públicas, INAP, 2000, págs. 62 y 63), Calvo Ortega (Calvo Ortega, R., "Los tributos propios de las Comunidades Autónomas: algunas reflexiones sobre su futuro", *Nueva Fiscalidad*, núm. 6, págs. 26 y ss.) o Checa González (Checa González, C., *Propuestas para un nuevo modelo de financiación de las CCAA de régimen común, en materia de impuesto propios y cedidos*, Aranzadi, Cizur Menor, 2008, págs. 83-123). Autores como García Moncó y García Roca (García Roca J. (ed.), *Pautas para una reforma constitucional. Informe para el debate*, Aranzadi, Cizur Menor, 2014), Calvo Ortega (Calvo Ortega. R., *Crisis de la financiación autonómica*, Aranzadi, Cizur Menor. 2015), Montilla Martos (Montilla Martos, J. A., "La financiación autonómica en la reforma constitucional", en *Repensar la Constitución. Ideas para una reforma de la Constitución de 1978: reforma y comunicación dialógica. Parte primera* (Freixes Sanjuán, T; Gavara De Cara, J. C. (coordinadores), Boletín Oficial del Estado BOE, Madrid, 2016) o Martos García (Martos García, J. J., *Financiación Autonómica y propuestas de reforma de la Constitución Española*, Quincena Fiscal, núm. 4, 2016, consultado en www.aranzadidigital.es) consideran que esto contribuiría a darle estabilidad al sistema de financiación de las CCAA. Ha habido una amplia corriente doctrinal que reclamaba la transformación en impuestos propios de las CCAA de los impuestos ya cedidos totalmente por el Estado y

¿Podría constitucionalizarse la cesión de estas figuras tributarias? Este sistema nos acercaría al de otros países de nuestro entorno, como Alemania y Suiza, que concretan en las constituciones qué impuestos son estatales, regionales y locales, cedidos o compartidos. Y tendría la ventaja de consolidar la evolución de un sistema en el que partidos políticos, técnicos y doctrina han trabajado desde la Transición, por lo que debería recabar el suficiente consenso para que no fuera modificado en muchos años, salvo las correcciones que por desequilibrios financieros de las CCAA se hicieran a través de la Ley de Presupuestos Generales del Estado, armonizando además el contenido de la CE y de los nuevos estatutos de autonomía que se han ido aprobando en los últimos años.

En cuanto a los regímenes forales[91], se ha discutido la posibilidad de aproximarlos al régimen general del resto de las CCAA, actualizando su sistema de financiación tal como está previsto en el segundo párrafo de la Disposición Adicional Primera de la CE[92], y para que participen en las políticas de solidaridad, tanto en los mecanismos de nivelación como en los fondos de desarrollo

qué mejor lugar para darles este carácter que la CE (Calvo Ortega, R., "Principios tributarios constitucionales y sistema autonómico", en *El sistema de financiación territorial en el modelo de Estado español y alemán*, AA.VV., Ministerio de Administraciones Públicas, INAP, 2000; y "Tributos Cedidos: concepto, evolución y problemas actuales", *Revista de Derecho financiero*, núm. 268, 2003; Falcón y Tella, R. (2000): "El sistema de financiación en los modelos de Estado: una visión general", en *El sistema de financiación territorial en el modelo de Estado español y alemán*, AA.VV., Ministerio de Administraciones Públicas, INAP, 2000, y "Los tributos cedidos y las competencias normativas de las Comunidades Autónomas", *Papeles de Economía Española* (Corresponsabilidad Fiscal), núm. 83, 2000; Checa González, C., *El sistema tributario local*, Aranzadi, Navarra, 2001; y *Propuestas para un nuevo modelo de financiación de las CCAA de régimen común, en materia de impuesto propios y cedidos*, Aranzadi, Cizur Menor, 2008; e *Impuestos propios y cedidos a las Comunidades Autónomas: Su regulación en los nuevos Estatutos de Autonomía*, Impuestos, núm.19. 2009; Rodríguez Bereijo, A., *Descentralización política y descentralización fiscal: la experiencia española*, Repertorio Aranzadi del Tribunal Constitucional, núm. 20; 2007; Lago Peñas, S. y Martínez-Vázquez, J., "La descentralización tributaria en las Comunidades Autónomas de régimen común: un proceso inacabado", *Hacienda Pública Española*, núm.192; 2010).

91 Navarra y País Vasco tienen autonomía plena y una amplia capacidad normativa en casi todos los impuestos directos: IRPF, IP, IS, ISD, y en los indirectos ITPYAJD y Tasa sobre el juego, y de gestión en todos los impuestos indirectos.

92 Lago Montero, J. M., "Vías de reforma del sistema de financiación autonómica", en *La reforma de la financiación territorial* (López Martínez, J., y Pérez Lara, J.M., directores), Tirant lo Blanch, Valencia, 2017, pág. 102.

regional[93]; es decir, que en el cálculo del cupo y la aportación, respectivamente, debería incorporarse la parte correspondiente a la contribución de las comunidades forales a los fondos de solidaridad, además del Fondo de Compensación Interterritorial[94]. Algo que no plantearía mayor problema si hubiera voluntad política, dado que, a fin de cuentas, el Convenio y el Concierto económicos con País Vasco y Navarra son regímenes fiscales pactados con el Estado. Y algo que debería aplicarse también a Cataluña, si finalmente se le reconoce un régimen fiscal similar al vasco y al navarro.

De hecho, ha sido la coexistencia entre acuerdos multilaterales y bilaterales con estas Comunidades forales lo que ha hecho posible la unificación de las políticas de competencias de las CCAA, aunque la realidad es que hay dos sistemas de financiación, o un sistema asimétrico[95]. Según el Informe de la Comisión de Expertos para la revisión del Modelo de Financiación Autonómica, la contribución de las Comunidades forales a la nivelación de los servicios públicos fundamentales ascendería a 2.600 millones de euros (con cifras de 2015)[96].

Sin embargo, también habría otra posibilidad, que sería mantener estos dos sistemas de financiación atendiendo a la singularidad de los Derechos Históricos, e incluir también a Cataluña, como decíamos previamente. Es decir, se podría reconocer un estatus especial para Cataluña, con su propio sistema de financiación, a través de un pacto habilitado por esta Disposición Adicional, y que estaría, por tanto, dentro del marco constitucional. Es lo que se ha planteado en el año 2024 a raíz de la victoria en las elecciones catalanas por el PSC/PSOE y ERC, cuestión a la que vamos a referirnos en el capítulo siguiente. Pero quizá, en este pacto, podrían diferenciarse las aspiraciones legítimas a un reconocimiento de identidad por las nacionalidades históricas y las cuestiones fiscales, siendo compatible ese reconocimiento con la solidaridad entre todas las comunidades

93 García Roca J. (ed.), *Pautas para una reforma constitucional. Informe para el debate, op. cit.*, pág. 120.

94 Montilla Martos, J. A., "La financiación autonómica en la reforma constitucional", *op. cit.*, pág. 253.

95 Ruiz Almendral, V. (2004): *The Asymmetric Distribution of Taxation Powers in The Spanish State of Autonomies: The Common System and the Foral Tax Regimes*, Regional and Federal Studies, Vol. 13, núm. 4, págs. 41-66, published by Frank Cass, London, págs. 45-46.

96 VV.AA., *Informe de la Comisión de Expertos para la revisión del Modelo de Financiación Autonómica, op. cit.*, pág. 45.

autónomas y todos los ciudadanos españoles, como preconiza el artículo 2 de la CE. Sería un modo de volver a la situación que preveía la CE antes de que se completase el proceso autonómico y se generalizasen las comunidades autónomas para todas las regiones españolas.

Un Estado materialmente federal, o plurinacional, si se prefiere, con un reconocimiento especial para País Vasco, Navarra y Cataluña, stricto sensu, las nacionalidades históricas (junto a Galicia) y el resto de las nacionalidades y autonomías establecidas en cada territorio por sus estatutos, pero en las que todas participan en una condición de igualdad en los mecanismos que garanticen la solidaridad de los españoles.

Fijémonos en el régimen jurídico que ya recoge la CE y el ordenamiento español.

4. SINGULARIDADES FISCALES Y TERRITORIALES EN ESPAÑA

Decíamos al principio que dentro de la Constitución española de 1978 ya están reconocidas las singularidades territoriales de una manera específica. Así, podemos distinguir en primer lugar a País Vasco y Navarra, que en materia fiscal tienen una relación de bilateralidad con el Estado, articulada a través del Concierto[97] y el Convenio[98] y su propio sistema tributario. En segundo lugar, las comunidades autónomas de régimen común, donde se incluye Cataluña; Canarias, que sí tiene un régimen fiscal específico reconocido en la Constitución (Disposición Adicional Tercera[99]), y las ciudades autónomas de Ceuta y Melilla (Disposición Transitoria Quinta[100], sobre la posibilidad de convertirse en comunidades autónomas, en un proceso que aún no se ha completado), que por sus especiales características participan de la financiación autonómica y de la financiación local, pues son entes locales de carácter singular. A las que hay que añadir, en un nuevo régimen fiscal no recogido en la CE, a las Islas Baleares, por las medidas introducidas por las Disposición Adicional Séptima de la Ley 31/2022, de 23 de diciembre, de Presupuestos Generales del Estado para 2023.

Es decir, en España existen dos sistemas de financiación de las CCAA muy diferentes. En el común, el Estado mantiene el control directo sobre buena parte de los rendimientos tributarios generados y utiliza estos recursos para financiar sus propias competencias y para complementar los ingresos de las comunidades autónomas de menor renta, mientras que en las comunidades forales son las ha-

---

97 Ley 12/2002, de 23 de mayo, por la que se aprueba el Concierto Económico con la Comunidad Autónoma del País Vasco.

98 Ley 28/1990, de 26 de diciembre, por la que se aprueba el Convenio Económico entre el Estado y la Comunidad Foral de Navarra.

99 "La modificación del régimen económico y fiscal del archipiélago canario requerirá informe previo de la Comunidad Autónoma o, en su caso, del órgano provisional autonómico".

100 "Las ciudades de Ceuta y Melilla podrán constituirse en Comunidades Autónomas si así lo deciden sus respectivos Ayuntamientos, mediante acuerdo adoptado por la mayoría absoluta de sus miembros y así lo autorizan las Cortes Generales, mediante una ley orgánica, en los términos previstos en el artículo 144".

ciendas territoriales las que recaudan la práctica totalidad de los tributos, y después transfieren a la Hacienda central una cuota que debe cubrir los servicios que sigue prestando el Estado[101], excluyendo, en principio, las cotizaciones sociales, que no son tributos sino exacciones parafiscales, aunque cuando escribo estas páginas el Gobierno del PSOE negocia con el PNV la cesión de las competencias en la gestión de la Seguridad Social al País Vasco[102].

A continuación, nos vamos a detener en algunas singularidades, con una mención especial a la España vacía, que ha merecido atención por parte de las Administraciones públicas españolas en una actuación coordinada entre los distintos gobiernos territoriales de distinto signo, lo que demuestra que es posible realizar una política fiscal solidaria y coherente, fomentando además una idea de Estado. Resulta un ejemplo de cómo las políticas públicas se han adaptado para atender a una singularidad sobrevenida.

4.1. PAÍS VASCO Y NAVARRA

La Disposición Adicional Primera de la CE dispone que "La Constitución ampara y respeta los derechos históricos de los territorios forales" un régimen jurídico que se ha actualizado en el marco de la CE y de los Estatutos de Autonomía de la Comunidad Autónoma del País Vasco (artículos 40 a 45 LO 3/1979, de 18 de diciembre) y de la Comunidad Foral de Navarra (artículo 45 de la LO 13/1982, de 10 de agosto, de reintegración y amejoramiento del régimen foral de Navarra).

A diferencia de las CCAA de régimen común, el sistema de Concierto (Ley 12/2002, de 23 de mayo, por la que se aprueba el Concierto Económico con la Comunidad Autónoma del País Vasco) o Convenio (Ley 28/1990, de 26 de diciembre, por la que se aprueba el Convenio Económico entre el Estado y la Comunidad Foral de Navarra) otorga a los territorios forales una gran autonomía fiscal. Regulan y recaudan íntegramente la mayoría de las figuras tributarias, sin más limitaciones que la que impone la UE y el mantenimiento de una presión fiscal similar a la del resto de España.

---

101 De la Fuente, A., *Financiación autonómica: una breve introducción*, Estudios sobre la Economía Española, 2019/07, FEDEA, pág. 1

102 https://www.libremercado.com/2023-11-15/romper-la-caja-unica-de-la-seguridad-social-dejaria-sin-pension-publica-a-ocho-ccaa-7069512/

Como explica Simón Acosta[103], tanto el Convenio como el Concierto son normas con rango de ley ordinaria aprobadas por las Cortes Generales, pero se ha de reconocer a dichas leyes una particularidad: el procedimiento para su aprobación requiere la intervención de las instituciones representativas del País Vasco y de Navarra, pues el texto de la ley es un acuerdo entre estas comunidades y el Estado, y su modificación sólo puede producirse por este procedimiento. Tanto el Convenio como el Concierto son instituciones jurídicas que aparecen en el siglo XIX como resultado de la contraposición entre las ideas uniformistas defendidas por el constitucionalismo liberal y las de los defensores de los particularismos de los antiguos reinos y territorios que habían conseguido sobrevivir a los Decretos de Nueva Planta de Felipe V. El principio de igualdad proclamado por la Constitución de Cádiz de 1812 no resultaba compatible, según las ideas de la época, con la existencia de regímenes jurídicos diferenciados en materia tributaria. A finales de 1813 se intentó suprimir las aduanas interiores y extender la contribución directa y papel sellado a toda la península.

El retorno de Fernando VII y la anulación por Decreto de 4 de mayo de 1814 de la Constitución de 1812 propició la supervivencia de los poderes fiscales de las Cortes de Navarra y las Juntas Generales del País Vasco. La guerra dinástica que estalló a la muerte de Fernando VII entre el pretendiente Carlos María Isidro, de ideas absolutistas, y la reina Isabel II, que aglutinó en torno a sí a liberales moderados y radicales que habían luchado por la Constitución de 1812, acabó vinculándose a la cuestión foral. Las guerras carlistas, que empezaron siendo una confrontación sucesoria en la que se proyectaba la tensión entre el antiguo régimen y la monarquía constitucional, se convirtieron en una la lucha por las libertades forales frente al centralismo unificador e igualitario.

La primera guerra carlista terminó con el Convenio de Vergara y el compromiso del general Espartero de influir en el Gobierno de la nación para que respetase los fueros, lo que se cumplió con la Ley de 25 de octubre de 1839 que confirmó "los fueros de las provincias de Vascongadas y Navarra, sin perjuicio de la unidad constitucional de la monarquía" (artículo 1°) y ordenó al Gobierno proponer a las Cortes la actualización de los fueros oyendo antes a las provincias afectadas. A partir de este momento la historia del Convenio y del Concierto se separan definitivamente. Navarra aceptó la vía establecida por la Ley de 1839 y

---

103 Simón Acosta, E., "Fuentes de ingresos en los regímenes forales", *Manual General de Derecho Financiero*, Tomo Cuarto, Volumen I, Hacienda Autonómica General y foral, Lasarte, J, (coordinador), Comares, Granada, 1998, págs. 114-118.

pactó con el Gobierno la actualización de fueros, materializada como Ley Paccionada de 16 de agosto de 1841, que es considerada como el primer Convenio Económico.

El País Vasco se apartó de la negociación por su oposición al traslado de aduanas y se llegó a una situación de hecho en que mantuvo sus prerrogativas al margen de los preceptos constitucionales. La guerra carlista que empezó con el reinado de Alfonso XII volvió a poner la cuestión foral en el campo de batalla. El fin de la guerra propició un nuevo proceso de diálogo en el que el Gobierno quiso aplicar al País Vasco un sistema similar al fuero de Navarra de 1841. Las negociaciones no prosperaron y el Gobierno tomó la iniciativa presentando un proyecto que se aprobó como Ley de 21 de julio de 1876, y su artículo 1º extendió a las provincias de Vizcaya, Guipúzcoa y Álava los deberes militares y de contribución, aunque esta ley autorizaba al Gobierno para hacer modificaciones "de forma" que facilitasen la extensión del deber de contribuir y establecer excepciones temporales al mismo en casos particulares.

El Concierto Económico no fue por tanto una solución convenida o consensuada, sino más bien el resultado de una laxa interpretación correctiva del Gobierno de las facultades extraordinarias que el otorgaba la Ley de 21 de julio de 1876 para establecer excepciones y modificaciones en la norma. De aquí surgió el primer concierto aprobado por Real Decreto de 28 de febrero de 1878, que no tenía el carácter consensuado que actualmente se le da. Con él se quiso expresar el deseo del poder central de integrar a las provincias vascongadas, que rechazaron la incorporación a la unidad constitucional de la monarquía según los términos de la Ley del 25 de octubre de 1839 en el concierto general del país. Después de eliminarse la exención de quintas las provincias vascas entraron en el concierto económico nacional por el Real Decreto de 28 de febrero de 1878.

Así, mientras el Convenio fue fruto de un acuerdo para la aplicación de la ley de 1839, el Concierto es el resultado de la aplicación o desarrollo de una ley abolitoria, mediante la aplicación de un Real Decreto de vigencia limitada a ocho años que establecía el cupo a satisfacer por las provincias vascongadas, pero no extendió a estos territorios la vigencia de las leyes estatales.

Otra diferencia entre las dos normas estriba en su duración. Mientras el Convenio ha sido siempre una norma de duración indefinida o ilimitada, el Concierto se aprueba por un plazo de tiempo determinado. Además, la institución competente para regular y aplicar el Convenio es en Navarra la comunidad foral, mientras que el Concierto entre el Estado y el País Vasco no atribuye poderes a la comunidad autónoma, sino a cada una de las tres provincias vascongadas (los territorios históricos), residiendo el poder tributario en las Juntas Generales y las Diputaciones Forales, mientras que la comunidad autónoma tiene poderes de coordinación y armonización. De este modo, las normas que aprueban y establecen los tributos a que se refiere el Convenio Económico son normas con rango de ley formal por ser dictadas por el Parlamento de Navarra, que tiene potestad legislativa, mientras que las normas tributarias de desarrollo y aplicación del Concierto Económico son normas de rango reglamentario.

Sin embargo, hemos de destacar que eso no significa que el régimen foral exista al margen de la Constitución, sino que precisamente su fundamento jurídico reside en la propia Constitución, que en la Disposición Adicional Primera reconoce los derechos históricos y los eleva a rango constitucional. Pero esta disposición tiene el mismo rango que el resto de los preceptos constitucionales y debe interpretar sistemáticamente con relación a ellos y, particularmente, el artículo 133.1 CE, que establece que la potestad originaria para establecer tributos corresponde exclusivamente al Estado mediante ley, salvo en el caso de País Vasco y Navarra, pues en este caso esta potestad es compartida con las instituciones forales. La calificación de "originario" que utiliza el artículo 133 CE significa que ese poder es otorgado directamente por la Constitución y es inmodificable por ley ordinaria, característica que es predicable del poder tributario foral según la Disposición Adicional Primera CE. En sentido técnico el ordenamiento foral es un ordenamiento derivado, pero el poder tributario de las instituciones forales está directamente atribuido por la Constitución como lo está el de las instituciones que ostentan el poder central[104].

Esta relación se recoge, de hecho, tanto en la LOFCA (Disposiciones Adicionales Primera[105] y Segunda[106]) como en el Concierto Vasco y el Convenio

---

104 Simón Acosta, E., "Fuentes de ingresos en los regímenes forales", *Manual General de Derecho Financiero*, Tomo Cuarto, Volumen I, Hacienda Autonómica General y foral, Lasarte, J, (coordinador), Comares, Granada, 1998, pág. 122-123.

105 Disposición adicional primera LOFCA: "El sistema foral tradicional de concierto económico se aplicará en la Comunidad Autónoma del País Vasco de acuerdo con lo establecido en el correspondiente Estatuto de Autonomía".

106 Disposición adicional segunda LOFCA: "Al amparo de lo que establece la disposición adicional primera de la Constitución, la actividad financiera y tributaria de Navarra, en virtud de su régimen foral, se regulará por el sistema tradicional del Convenio Económico, y, en particular, de acuerdo con lo previsto en la Ley Orgánica 13/1982, de 10 de agosto, de reintegración y amejoramiento del régimen foral de Navarra. En el mismo se

Navarro. Tanto el Concierto vasco (artículos 1 a 5 de la Ley 12/2002, de 23 de mayo, por la que se aprueba el Concierto Económico con la Comunidad Autónoma del País Vasco) como el Convenio navarro (artículos 1 a 8 de Ley 28/1990, de 26 de diciembre, por la que se aprueba el Convenio Económico entre el Estado y la Comunidad Foral de Navarra) se refieren a los principios que articulan esta relación:

- Respeto de la solidaridad en los términos prevenidos en la Constitución y en los Estatutos de Autonomía.
- Atención a la estructura general impositiva del Estado.
- Coordinación, armonización fiscal y colaboración con el Estado.
- Sometimiento a los Tratados o Convenios internacionales firmados y ratificados por el Estado español o a los que éste se adhiera (en particular deberá atenerse a lo dispuesto en los Convenios internacionales suscritos por España para evitar la doble imposición y en las normas de armonización fiscal de la Unión Europea, debiendo asumir las devoluciones que proceda practicar como consecuencia de la aplicación de tales Convenios y normas).
- Las normas del Concierto y el Convenio se interpretarán de acuerdo con lo establecido en la Ley General Tributaria para la interpretación de las normas tributarias.
- Colaboración entre las instituciones del Estado y de País Vasco y Navarra.

En particular, ambas Administraciones:

a) Se facilitarán, a través de sus centros de proceso de datos, toda la información que precisen. A tal efecto, se establecerá la intercomunicación técnica necesaria.

Anualmente se elaborará un plan conjunto y coordinado de informática fiscal.

determinarán las aportaciones de Navarra a las cargas generales del Estado, así como los criterios de armonización de su régimen tributario con el régimen general del Estado. El sistema foral tradicional de concierto económico se aplicará en la Comunidad Autónoma del País Vasco de acuerdo con lo establecido en el correspondiente Estatuto de Autonomía".

b) Los servicios de inspección prepararán planes conjuntos de inspección sobre objetivos, sectores y procedimientos selectivos coordinados, así como sobre contribuyentes que hayan cambiado de domicilio, entidades en régimen de transparencia fiscal y sociedades sujetas a tributación en proporción al volumen de operaciones en el Impuesto sobre Sociedades.

En cuanto a la armonización fiscal, las normas fiscales de los territorios forales deben cumplir los siguientes requisitos:

a) Se adecuarán a la Ley General Tributaria en cuanto a terminología y conceptos, sin perjuicio de las peculiaridades establecidas en el Concierto y en el Convenio.

b) Mantendrán una presión fiscal efectiva global equivalente a la existente en el resto del Estado.

c) Respetarán y garantizarán la libertad de circulación y establecimiento de las personas y la libre circulación de bienes, capitales y servicios en todo el territorio español, sin que se produzcan efectos discriminatorios, ni menoscabo de las posibilidades de competencia empresarial ni distorsión en la asignación de recursos.

d) Utilizarán la misma clasificación de actividades ganaderas, mineras, industriales, comerciales, de servicios, profesionales y artísticas que en territorio común, sin perjuicio del mayor desglose que de las mismas pueda llevarse a cabo.

Además, se establece la competencia exclusiva del Estado para la regulación, gestión, inspección, revisión y recaudación de los derechos de importación y de los gravámenes a la importación en los Impuestos Especiales y en el Impuesto sobre el Valor Añadido. También corresponde a la alta inspección del Estado velar por la correcta aplicación del Concierto y el Convenio.

La existencia de tributos concertados o convenidos por una normativa distinta a la estatal ha sido avalada por la jurisprudencia del TJUE, que entiende que para se apliquen tipos reducidos a las empresas en una determinada zona geográfica deben darse tres condiciones: "En primer lugar, que sea obra de una autoridad regional o local que, desde el punto de vista constitucional, cuente con un estatuto político y administrativo distinto del Gobierno central (autonomía institucional). Además, (la norma) debe haber sido adoptada sin que el Gobierno central haya podido intervenir directamente en su contenido (autonomía procedimental). Por último, las consecuencias financieras de una reducción del tipo nacional aplicable a las empresas localizadas en la región no deben verse compensadas por ayudas o subvenciones procedente de otras regiones o del Gobierno central (autonomía económica)" (STJUE de 6 de septiembre de 2006).

Así, "desde la óptica de la selectividad geográfica, nada se puede objetar a la aprobación por los Territorios Históricos del País Vasco de tipos impositivos diferentes a los aplicables en territorio común para el Impuesto de Sociedades (o para otros impuestos directos, añadiríamos nosotros), dado que se cumplen los tres requisitos para que pueda hablarse de autonomía en el sentido expuesto por el TJCE. Los Territorios Históricos tienen autonomía institucional, tal como se desprende de la Constitución, del Estatuto de Autonomía del País Vasco y del propio Concierto Económico; tienen autonomía procedimental, puesto que la potestad para mantener, establecer y regular el régimen tributario de los tres Territorios Históricos corresponde a sus respectivas Juntas Generales, y se ejercerá en los términos previstos en el Concierto; y tienen autonomía económica, dado que el régimen de Concierto se caracteriza por asumir el criterio del riesgo unilateral, de manera que la pérdida de recaudación que para ellos represente una disminución de los tipos de gravamen no se verá compensada por transferencias procedentes del Gobierno central"[107].

Aunque este principio de autonomía institucional y procedimental, según el cual el ordenamiento comunitario no supone modificaciones en el reparto interno de las competencias siempre que ello no se traduzca en el incumplimiento de las limitaciones que derivan de la política europea de armonización fiscal, no sólo supone el pleno reconocimiento de las competencias normativas en materia tributaria de las haciendas forales, sino también de las CCAA de régimen común y de las Haciendas Locales[108].

Además, las haciendas forales deben hacer una transferencia a la hacienda central por los servicios públicos que sigue prestando el Estado en estas comunidades y las competencias que ejerce en relación con el sostenimiento de la Casa Real, las Cortes Generales, defensa y relaciones exteriores o infraestructuras como puertos, aeropuertos o el Ave; lo que se conoce como cupo en el caso vasco y aportación en el navarro.

---

107 Merino Jara, I., "La STJCE favorable a los regímenes forales", *Jurisprudencia Tributaria* Aranzadi, núm. 15/2006, págs. 1-2.

108 Falcón y Tella, R., "En torno a la STS de 9 de diciembre de 2004 relativa a las normas forales de 1996 (II): régimen de ayudas y libertad de establecimiento", *Revista Quincena Fiscal* núm. 3/20054/2005, pág. 1.

De acuerdo con las leyes del Concierto y el Convenio, para el cálculo del cupo y la aportación hay que partir de dos componentes: en primer lugar, el gasto asumido o cargas asumidas corresponde al gasto del Estado ligado a las competencias que han sido asumidas en cada territorio por las instituciones forales; en segundo lugar, las cargas no asumidas, que se refieren al gasto estatal en todo el territorio nacional en materias que no han sido efectivamente transferidas a las instituciones forales, siendo únicamente este último el componente de gasto estatal que contribuyen a financiar las comunidades forales.

Además, debe hacerse un ajuste por el consumo de IVA, para que cada administración se quede con la parte de este impuesto que soportan los ciudadanos y no la que se recauda en el territorio, que puede ser distinta. Como la recaudación de IVA que grava las importaciones de países no comunitarios es competencia exclusiva del Estado, éste debe transferir a las haciendas forales la parte de tales ingresos que corresponde al consumo vasco o navarro de bienes importados. Por otra parte, en el caso de las operaciones interiores (el IVA grava también las adquisiciones intracomunitarias de bienes) quien recauda en primera instancia el tributo no es necesariamente quien lo soporta, pues mientras que el impuesto lo terminan pagando los consumidores finales, los ingresos los realizan las empresas en proporción del valor añadido en cada una de las etapas del proceso de producción, generalmente en la región donde tengan su sede social. Por ello debe hacerse un ajuste que ha de tener en cuenta el peso de la comunidad foral en el consumo y en la base del impuesto a nivel nacional, ajuste que ha de hacerse también respecto a los impuestos especiales.

El problema es que los cálculos detallados del importe del cupo y la aportación, incluyendo el desglose pormenorizado del gasto del Estado en cargas asumidas y no asumidas no se han hecho nunca públicos, y todo hacer pensar que las valoraciones de los servicios no transferidos del Estado que se recogen en la ley del cupo y el acuerdo sobre su aportación están realizadas a la baja; y tampoco los coeficientes para medir el consumo y la producción para calcular el ajuste de IVA son correctos, por lo que el cupo y la aportación son muy inferiores a lo que exigiría una aplicación razonable de la normativa vigente y eso hace que los territorios forales disfruten de niveles de financiación por habitante ajustado a competencias homogéneas muy superiores a los del resto de las CCAA[109].

109 De la Fuente, A., *Financiación autonómica: una breve introducción*, cit., pág. 12.

4.2. EL SISTEMA DE FINANCIACIÓN DE LAS CCAA DE RÉGIMEN COMÚN

Según establece el artículo 157.3 CE es el Estado quien debe configurar el sistema de financiación de las CCAA a través de una ley orgánica, lo que hace a través de la Ley Orgánica 8/1980, de 22 de septiembre, de financiación de las CCAA (LOFCA), que ha sido objeto de sucesivas reformas conforme ha ido evolucionando el modelo de financiación autonómica. Para ello, debe respetar los principios de autonomía financiera, coordinación y solidaridad (artículos 2 y 158 CE) entre todos los españoles (artículo 156.1 CE), como ha recalcado el TC: "El Estado, dentro de los márgenes que la Constitución le otorga y respetando los principios y las competencias autonómicas en ella establecidas (singularmente en el art. 157 CE), está constitucionalmente habilitado para establecer uno u otro sistema de financiación autonómica (...). Se trata pues de un modelo normativo cuyo vértice (la LOFCA) se integra en el bloque de la constitucionalidad y que puede variar en función de decisiones políticas del legislador (orgánico y ordinario) estatal, con la participación que en el corresponda a las CCAA" (STC 204/2011, de 15 de diciembre, FJ 7). Un modelo de financiación que ha ido evolucionado desde la Ley 30/1983, de 28 de diciembre, que lo fundamentaba en transferencias del Estado a las CCAA según las competencias asumidas; la Ley 14/1996, de 30 de diciembre, que se basa en la cesión de figuras estatales y avanza hacia la corresponsabilidad tributaria del Estado y las CCAA (STC 289/2000, de 30 de noviembre); la Ley 21/2001, de 27 de diciembre, donde se aumentaba el número de impuestos cedidos y el porcentaje de recaudación de las CCAA; hasta la Ley 22/2009, de 18 de diciembre, por la que se regula el sistema de financiación de las Comunidades Autónomas de régimen común y Ciudades con Estatuto de Autonomía y se modifican determinadas normas tributarias (LSFCACEA), que profundiza en este sistema, cediendo competencias normativas la gestión de los impuestos estatales cedidos[110].

---

[110] El TC (STC 19/2012, de 15 de febrero), señala las características de los impuestos cedidos: en primer lugar, es la Ley Orgánica del artículo 157.3 CE la que puede atribuir a un tributo del Estado la condición de "cedible" (artículos 10 y 11 de la LOFCA en la actualidad); en segundo lugar, para que el tributo sea formalmente cedido tiene que existir una previsión estatuaria que lo asuma en tal sentido, como recogen todos los Estatutos de Autonomía de las CCAA de régimen común; en tercer lugar, el tributo alcanzará la condición de materialmente cedido cuando así los establezca una ley específica (en la actualidad la LSFCACEA); en cuarto lugar la cesión del Estado de un tributo a una

El artículo 156.1 CE garantiza a las CCAA "la autonomía financiera para el desarrollo y ejecución de sus competencias con arreglo a los principios de coordinación con la hacienda estatal y de solidaridad de todos los españoles". El TC sintetiza su doctrina sobre este artículo en la STC 149/2023, de 7 de noviembre (FJ 3ºB), que resuelve el recurso de inconstitucionalidad 616-2023 interpuesto por el Consejo de Gobierno de la Comunidad de Madrid respecto del artículo 3 de la Ley 38/2022, de 27 de diciembre, para el establecimiento de gravámenes temporales energético y de entidades de crédito y establecimientos financieros de crédito y por la que se crea el Impuesto temporal de solidaridad de las grandes fortunas, y se modifican determinadas normas tributarias. El TC conecta la autonomía tributaria, como parte de la autonomía financiera, con el principio de corresponsabilidad fiscal, por el que las CCAA pueden generar un sistema propio de recursos como fuente principal de los ingresos de Derecho público. Las CCAA ejercen su autonomía tributaria mediante el establecimiento y regulación de tributos propios (artículos 133.2 CE y 6 de la LOFCA), pero también a través del ejercicio de competencias normativas sobre los tributos cedidos por el Estado en el marco de lo dispuesto en las correspondientes leyes de cesión de tributos.

El TC recalca que los impuestos cedidos son tributos de titularidad estatal, fruto de la potestad tributaria originaria del Estado (artículo 133.1 CE) y de su competencia exclusiva sobre hacienda general (art. 149.1.14 CE), por lo que es el Estado (art. 157.3 CE) quien establece en la LOFCA (arts. 10, 11, 19.2, 20.2, 3 y 5) la regulación esencial de la cesión desarrollada luego en la LSFCACEA. Mediante el ejercicio de estas competencias normativas sobre los tributos cedidos, las CCAA pueden, por sí mismas, no sólo incrementar sus recursos financieros, sino decidir al mismo tiempo la composición de sus ingresos, aumentado el peso de unos tributos y reduciendo el de otros dentro de los márgenes establecidos en la normativa de cesión.

---

comunidad autónoma no hace perder a aquél ni la titularidad sobre el mismo ni sobre las competencias que le son inherentes, de tal manera que el Estado seguirá siendo el titular del impuesto, aunque ceda la gestión del mismos a las CCAA; y, en quinto lugar, la cesión tiene, en todo caso, carácter revocable, no irrevocable so pena de afectar al ámbito de la competencia estatal (artículos 149.1.14º y 133.1 CE) y de poner en cuestión el principio de la potestad originaria del Estado. Eseverri Martínez, E., López Martínez, J., Pérez Lara, J. M, Damas Serrano, A, *Manual práctico de Derecho Tributario*, Tiran Lo Blanch, Valencia, 2020, pág. 207.

Pero corresponde al Estado garantizar un nivel mínimo en la prestación de los servicios públicos fundamentales en todo el territorio y, con el fin de corregir los desequilibrios económico-territoriales se crea por Ley 22/2001, de 27 de diciembre (reguladora de los Fondos de Compensación Interterritorial) el Fondo de Compensación, cuyos recursos serán distribuidos por las Cortes Generales entre las CCAA y las provincias, en su caso. Además, por medio de la LSFCACEA, para garantizar la prestación de los servicios mínimos esenciales, se crean el Fondo de Garantía de los Servicios Públicos Fundamentales (artículos 9 y 19 LSFCACEA), el Fondo de Suficiencia Global (artículos 10 y 20 LSFCACEA) y los Fondos de Convergencia Autonómica (Fondo de Competitividad y Fondo de Cooperación, artículos 22 a 24 LSFCACEA)[111].

En el sistema de financiación común hay cuatro elementos básicos[112]:

Uno. El primero es un reparto de recursos y competencias tributarias entre la administración central y las comunidades autónomas que determina su capacidad fiscal bruta y el margen que disponen para subir o bajar los impuestos que les han sido cedidos por el Estado.

Salvo el Impuesto de Sociedades (IS) y el Impuesto sobre la Renta de los no Residentes (IRNR), Estado y CCAA comparten las figuras tributarias que dan lugar a mayor recaudación, que son el IRPF (las CCAA regulan su propia cuota tributaria y establecen deducciones propias) y el IVA (por exigencia de la normativa de la UE, las CCAA no tienen competencias en los principales impuestos indirectos, y se les cede el 50% de la recaudación). Si nos fijamos en los ingresos tributarios del Estado en 2022, dentro de los impuestos directos el IRPF sigue siendo el impuesto que genera mayor recaudación (109.485 millones de euros, seguido del IS (32.176 millones de euros), el IRNR (2.954) y los Impuestos ambientales (128 millones de euros); y, entre los indirectos, destaca el IVA (82.595 millones de euros) y los Impuestos especiales (20.224 millones de euros)[113].

Además, el Estado ha cedido a las CCAA totalmente el resto de los impuestos, entre los que están el Impuesto sobre Transmisiones Patrimoniales y Actos Jurídicos Documentados (ITPYAJD), el Impuesto sobre Sucesiones y Donacio-

111 Eseverri Martínez, E., López Martínez, J., Pérez Lara, J. M, Damas Serrano, A, *Manual práctico de Derecho Tributario cit.*, págs. 201-204.

112 De la Fuente, A., *Financiación autonómica: una breve introducción*, cit., págs. 1 y ss.

113 https://sede.agenciatributaria.gob.es/Sede/datosabiertos/catalogo/hacienda/Informes_anuales_de_Recaudacion_Tributaria.shtml

nes (ISD), en los que las CCAA tienen cedida también la capacidad normativa para regular la escala de gravamen y las deducciones, el Impuesto del Patrimonio (IP), sobre el que también tienen competencias normativas para fijar la escala de gravamen, el mínimo exento y las bonificaciones (desvirtuado en cierto modo por el Impuesto sobre las Grandes Fortunas, avalado por el TC por STC 149/ 2023, de 7 de noviembre, para aquellos contribuyentes con un patrimonio neto superior a tres millones de euros) los Impuestos Especiales de Fabricación (el 58% de la recaudación, excepto el Impuesto de la Electricidad y el Impuesto sobre Hidrocarburos), el Impuesto sobre a Electricidad, los tributos sobre el Juego y el Impuesto Especial sobre Determinados Medios de Transporte. Unos impuestos que representan menor recaudación, como podemos observar en el siguiente cuadro[114]:

Comunidad	IP	ISD	ITP	AJD	I. Exting.	Tasas Juego	Total
Andalucía	109.760	258.577	1.326.745	453.014	0	90.489	2.238.585
Aragón	53.740	157.547	157.489	67.458	0	29.607	465.841
Asturias	24.452	92.844	119.173	35.319	0	14.905	286.693
Baleares	74.513	129.857	657.725	145.587	0	20.350	1.028.032
Canarias	33.938	55.386	248.878	60.680	0	38.823	437.705
Cantabria	16.244	36.866	125.320	33.030	0	11.350	222.810
Castilla y León	38.746	259.001	240.832	94.399	0	43.135	676.113
Castilla la Mancha	15.389	84.133	266.185	105.166	0	32.972	503.845
Cataluña	596.223	870.855	1.857.482	668.555	0	163.493	4.156.608
Extremadura	5.376	39.665	93.494	38.642	0	19.982	197.159
Galicia	70.021	133.782	237.160	97.028	0	34.128	572.119
Madrid	1.190	687.151	1.254.035	377.239	0	125.590	2.445.205
Murcia	27.504	25.562	175.172	69.573	0	28.788	326.599
Rioja	15.040	44.985	36.237	9.732	0	7.163	113.157
Valencia	162.397	333.947	1.160.204	290.349	0	110.326	2.057.223
Total	**1.244.533**	**3.210.158**	**7.956.131**	**2.545.771**		**0771.101**	**15.727.694**

114 https://www.hacienda.gob.es/CDI/Impuestos/RecaudacionDefinitiva2021.pdf
Éstas son cifras definitivas de 2021, que cambian en los siguientes períodos impositivos por las exenciones y bonificaciones introducidas en impuestos cedidos como el Impuesto del Patrimonio por las CCAA de Andalucía, Murcia, Madrid, Cantabria, Extremadura o Galicia.

El sistema de financiación distingue entre la recaudación real y la recaudación normativa o teórica de los impuestos cedidos a las CCAA. Esta última magnitud intenta aproximar lo que cada comunidad habría recaudado si todas ellas aplicasen las mismas escalas impositivas y fuesen igual de eficientes en la gestión de tributos que recaudan directamente. La magnitud relevante a efectos de los cálculos que exige el sistema es la recaudación normativa, que consiste en las aportaciones de las CCAA a los mecanismos de nivelación horizontal y las transferencias estales que éstas perciben dependen de sus ingresos tributarios teóricos, pero no de sus ingresos reales.

Así se asegura que aquellas regiones que decidan incrementar la presión fiscal sobre sus ciudadanos o mejoren la eficiencia en la gestión de los tributos que recaudan directamente se quedarán con todos los ingresos adicionales obtenidos por esta vía, mientras que aquellas que decidan rebajar tipos impositivos o gestionen de forma ineficiente sus tributos soportarán los costes íntegros de sus actuaciones, sin que el sistema de financiación compense su pérdida de ingresos[115].

Dos. El segundo elemento es una fórmula de necesidades de gasto que describe cómo habrían de repartirse los recursos disponibles entre las CCAA para que todas puedan financiar unos servicios públicos similares, teniendo en cuenta los costes relativos de los mismos en cada territorio y ofreciendo una pauta de reparto que asegure que las necesidades de todas las CCAA queden cubiertas en la misma proporción. La función de los mecanismos de nivelación del sistema a los que nos referiremos después será reducir las diferencias de recursos entre las CCAA más ricas y pobres.

Las necesidades de gasto se calculan a través de una fórmula en la que entran los factores demográficos y geográficos con una mayor incidencia sobre la demanda de los principales servicios públicos gestionados por las CCAA y sobres sus costes unitarios, con arreglo a las siguientes variables de reparto:

- población protegida equivalente 38%;
- población 30%;
- población en edad escolar (0-16) 20,5%;
- población 65+ 8,5%;
- superficie 1,8%;

115 De la Fuente, A., *Financiación autonómica: una breve introducción*, cit., pág. 3.

- dispersión de la población 0,6%;
- insularidad 0,6%.

De este modo, un 30% de los fondos disponibles se reparten en proporción de la población de la comunidad autónoma, un 1,8% en proporción a la superficie y un 0,6% se reserva para las dos comunidades insulares, Islas Baleares e Islas Canarias. La dispersión de la población se calcula según el número de entidades singulares existente en cada territorio y la población protegida equivalente a efectos de gasto ponderando la población protegida por el Sistema Nacional de Salud, dividida en siete tramos de edad en proporción al nivel relativo de gasto sanitario per cápita de cada tramo.

Esta fórmula de reparto se utiliza también para calcular la población ajustada de cada comunidad autónoma, repartiendo con los criterios mencionados no los recursos del sistema de financiación de las CCAA de régimen común, sino la población total del conjunto de las CCAA, con lo que se consigue ponderar las poblaciones regionales por un factor que recoge el coste diferencial por habitante en cada territorio de los principales servicios públicos. De esta forma se introduce una corrección por el hecho de que los costes por habitante de los servicios públicos serán mayores en las comunidades más envejecidas o extensas, por ejemplo. Dividiendo la financiación real de cada comunidad por su población ajustada se obtiene un indicador por unidad de necesidad, que nos proporciona un criterio operativo de equidad: si lo que buscamos es que todos los ciudadanos puedan acceder a los servicios públicos que gestionan las autonomías en condiciones de igualdad con independencia de su lugar de residencia, lo que tenemos que hacer es igualar la financiación por habitante ajustado de todas las CCAA[116].

Tres. El tercer elemento del sistema sería una serie de transferencias que fluyen entre las CCAA para igualar los recursos con los que cuentan los territorios con distintos niveles de renta para prestar servicios de su competencia y reducir las diferencias existentes entre la capacidad fiscal de cada comunidad autónoma y sus necesidades de gasto.

Cuatro. El cuarto sería las transferencias de la Administración Central a las CCAA con el mismo objetivo descrito en el punto anterior.

116 De la Fuente, A., *Financiación autonómica: una breve introducción*, cit., pág. 4.

La diferencia entre estos dos últimos elementos estriba en los mecanismos de nivelación utilizados, que se articulan a través de fondos de financiación. El más importante, que es un mecanismo de nivelación horizontal, es el Fondo de Garantía de los Servicios Públicos Fundamentales, que se nutre con un 75% de los ingresos tributarios teóricos de las CCAA y con una aportación adicional del Estado, lo que en conjunto supone algo más del 75% de los recursos totales del sistema. Este fondo común se reparte cada año entre las CCAA en proporción a sus necesidades estimadas de gasto o población ajustada, generando así flujos horizontales de recursos entre CCAA ricas y pobres que mitigan las disparidades en términos de recursos tributarios por habitante e igual esfuerzo fiscal.

El mecanismo de nivelación vertical está integrado por los Fondos de Suficiencia, Cooperación y Competitividad, que canalizan las transferencias del Estado a las CCAA (y a la inversa llegado el caso) y que se distribuyen de acuerdo con criterios diversos como el nivel de renta per cápita, la densidad de la población y su tasa de crecimiento, la existencia de una segunda lengua cooficial y los resultados del resto del sistema en relación con la media o con la capacidad fiscal de cada territorio. En el Fondo de Suficiencia se incluye también la financiación para las competencias no homogéneas, como la policía autonómica[117] o la gestión de instituciones penitenciarias, que sólo han sido asumidas hasta el momento por algunas CCAA[118].

Además, hemos de señalar que la propia evolución del sistema autonómico ha acentuado estas características, tanto en las diferencias entre las comunidades forales y las de régimen común, como entre estás entre sí, al tener cedidas competencias normativas en la mayoría de las figuras tributarias.

Y aunque igualdad no es uniformidad, si actualmente existen desigualdades entre las comunidades autónomas se debe a cuestiones políticas, que han determinado la evolución del sistema de financiación y que haya una España de varias velocidades en materia fiscal. Ha sido la práctica política la que ha transformado el Estado de las Autonomías tal y como estaba concebido en la Constitución de

117 Aunque en los Estatutos de Autonomía de Islas Baleares, Galicia, Extremadura, País Vasco, Comunidad Valenciana, Comunidad Foral de Navarra, Cataluña, Castilla y León, Canarias, Aragón y Andalucía, está previsto la creación de un cuerpo de policía autonómico, sólo Canarias (2010), Cataluña (1983), País Vasco (1982) y Navarra (1928) disponen de policías autonómicas propiamente dichas.

118 De la Fuente, A., *Financiación autonómica: una breve introducción*, cit., pág. 5. Concretamente, Cataluña y País Vasco.

1978 para las nacionalidades históricas —País Vasco, Cataluña y Galicia— pero no para todas las regiones españolas, que han ido asumiendo ese carácter en sus estatutos, como Andalucía, Comunidad Valenciana, Aragón, Canarias e Islas Baleares.

Una evolución que ha convertido a las CCAA en la mayor de las Administraciones públicas españolas, ya que gestionan los servicios públicos más sensibles para los ciudadanos, como la sanidad, la educación y los servicios sociales, asumiendo más de un tercio del gasto público y la mitad de los funcionaros españoles[119].

Una autonomía en el gasto que no existe respecto a los ingresos, pues la CE no recoge de manera concreta los recursos de las CCAA y se remite para su concreción a una ley orgánica (artículo 157 CE), la actual Ley Orgánica de Financiación de las Comunidades Autónomas (LOFCA)[120], que junto a la Ley 22/2009, de 18 de diciembre[121] han materializado la cesión de la mayoría de las figuras tributarias y, sensiblemente, las que dan lugar a mayor recaudación. Y que conforman un Estado de diecisiete Comunidades Autónomas (CCAA) más las dos ciudades autónomas de Ceuta y Melilla.

No podemos hablar de titularidad de las CCAA de régimen común sobre los recursos tributarios recaudados en su territorio o de sus residentes, pues, fundamentalmente, estos recursos provienen de los impuestos estatales cedidos y, en menor medida, de los tributos propios. Sí podemos decirlo respecto al País Vasco y Navarra, por los regímenes del concierto y el convenio económico con el Estado, que es una de las primeras fuentes de inestabilidad del actual sistema, al generar malestar en aquellas comunidades que, con similares niveles de renta que las citadas, no tienen la misma capacidad de decisión respecto a sus políticas ficales, como es el caso de Cataluña, que reclama un tratamiento fiscal singular dentro del sistema de financiación autonómico que la equipare a los territorios forales.

119 VV.AA., Informe de la Comisión de Expertos para la revisión del Modelo de Financiación Autonómica, Ministerio de Hacienda y Función Pública, Madrid, 2017, pág. 3.

120 Ley Orgánica 8/1980, de 22 de septiembre, de Financiación de las Comunidades Autónomas.

121 Ley 22/2009, de 18 de diciembre, por la que se regula el sistema de financiación de las Comunidades Autónomas de régimen común y Ciudades con Estatuto de Autonomía y se modifican determinadas normas tributarias.

Sin embargo, también sería posible decirlo de todas las CCAA si estos recursos están establecidos de una manera más concreta en la propia Constitución, especificando los tributos y las competencias en materia tributaria de cada administración territorial, incluida la local, cuestión a la que nos hemos referido en otras ocasiones[122].

4.2.1. ¿CATALUÑA?

¿Puede establecerse un sistema de concierto económico para Cataluña, como parece haber pactado[123] el Gobierno de España con ERC en la actual legislatura, siguiendo el modelo vasco? Si a acudimos al texto del acuerdo de investidura de Salvador Illa como presidente de la Generalitat entre el Partido de los Socialistas de Cataluña y Esquerra Republicana de Catalunya (al tiempo de escribir estas páginas aún no se ha discutido ni aprobado ningún texto legislativo en el Parlamento español), en lo que se refiere a los aspectos fiscales, estas son las cuestiones más importantes[124]:

---

122 Principalmente, Pérez Zúñiga, J. M.ª, *Alternativas al sistema de financiación de las CCAA: hacia un nuevo modelo de organización territorial del Estado*, Aranzadi, Pamplona, 2018; y Pérez Zúñiga, J. M.ª, Estado *autonómico y federal*, Aranzadi, Pamplona, 2021.

123 Decimos "parece", porque al tiempo de escribir estas páginas no se sabe a ciencia cierta los términos del acuerdo ni se ha aprobado en el Parlamento, por lo que atendemos únicamente a lo publicado en prensa y al acuerdo de investidura entre el PSC y ERC.
El texto del pacto entre PSC y ERC: la financiación se cerrará en la primera mitad de 2025 | Noticias de Cataluña | EL PAÍS (elpais.com)
https://elpais.com/espana/catalunya/2024-07-30/el-texto-del-pacto-entre-psc-y-erc-la-financiacion-se-cerrara-en-la-primera-mitad-de-2025.html
RTVE. 30/07/2024. S. SOLER/ I. FEDRIANI
https://www.rtve.es/noticias/20240730/claves-del-acuerdo-erc-psc-cataluna/16202821.shtml

124 "A. ANTEPASADOS
Catalunya sufre una infrafinanciación sostenida en el tiempo que supera con creces lo que correspondería a un modelo de solidaridad entre territorios. Los distintos modelos de financiación autonómica han comportado graves deficiencias para Cataluña, que se traducen en una insuficiencia financiera crónica que limita enormemente el gasto en políticas públicas como la salud, los servicios sociales, la vivienda o las infraestructuras. Estas deficiencias tienen un impacto directo en los servicios públicos y en la capacidad de Cataluña para hacer frente a los retos de futuro, y se generan y perpetúan gracias a un

modelo de financiación de régimen común caducado, poco transparente e insuficiente. Un modelo de financiación cuyo resultado es una distribución poco justa de los recursos entre los territorios del Estado y que acaba limitando la capacidad de crecimiento económico de Cataluña.

Todos los intentos previos de construir un modelo de financiación basado en el paradigma actual y la gestión centralizada desde la Administración del Estado no han hecho más que estructuralizar unas insuficiencias que han sido un lastre sistemático al crecimiento económico de Cataluña y la prosperidad de su ciudadanía.

No se trata de reformar el modelo de financiación común, sino cambiarlo sobre un nuevo paradigma basado en la singularidad y la bilateralidad. Si queremos alcanzar los estándares europeos en lo que se refiere a recursos destinados al estado del bienestar ya la dinamización del tejido productivo, es indispensable un nuevo sistema de financiación basado en una relación bilateral con el Estado y un incremento sustancial de la capacidad normativa y de la capacidad de gestión que garantice la suficiencia financiera y la soberanía fiscal de la Generalidad.

Por este motivo, es necesario un aumento sustancial y progresivo de la capacidad normativa en todos los tributos generados en Cataluña para adaptar el sistema fiscal a las necesidades del país y disponer de la cesión de los rendimientos de estos tributos.

Una financiación justa y singular es compatible con la contribución equitativa al sostenimiento del gasto del Estado, que redunda en beneficio de las ciudadanas ciudadanos de Cataluña y en la solidaridad entre territorios.

Una financiación singular necesita un modelo bilateral de relación con el Estado compatible con la participación en órganos multilaterales cuando la naturaleza o ámbito de los acuerdos así lo exija.

De la misma forma, la profundización en el autogobierno y de la autonomía fiscal y financiera necesita fijar como prioridad una hacienda catalana compatible con el hecho de avanzar hacia un modelo tributario federal con una mayor capacidad normativa, de gestión, recaudación, liquidación e inspección, así como con una gobernanza de las inversiones públicas desde Cataluña y para Cataluña.

A fin de reencontrar puntos de acuerdo, ambas partes se han inspirado en el amplio consenso del Parlament de Catalunya en 2005, especialmente en los apartados de financiación, cuando se aprobó la propuesta de reforma del Estatut. Éste marcaba un camino para avanzar hacia un modelo de financiación basado en la autonomía financiera, la coordinación, la solidaridad y la transparencia en las relaciones fiscales y financieras entre las administraciones públicas, así como los principios de suficiencia de recursos, responsabilidad fiscal, equidad y lealtad institucional entre las citadas administraciones.

B. EL MODELO DE FINANCIACIÓN SINGULAR DE LA GENERALIDAD DE CATALUÑA

La concreción de todos estos principios pasa, necesariamente, por el establecimiento de un nuevo modelo de financiación para la Generalidad de Cataluña basado en la negociación bilateral con el Estado. En este sentido, los partidos abajo firmantes acuerdan:

• Que sea la Generalitat la que gestione, recaude, liquide e inspeccione todos los impuestos soportados en Cataluña y aumente sustancialmente la capacidad normativa en coordinación con el Estado y la Unión Europea.
• La gestión, recaudación, liquidación e inspección de todos los impuestos soportados en Cataluña corresponden a la Agencia Tributaria de Cataluña, salvo los de naturaleza local.
• La aportación catalana a las finanzas del Estado integra la aportación por el coste de los servicios que el Estado presta a Cataluña y la aportación a la solidaridad.
• La aportación de los gastos del Estado se establecerá a través de un porcentaje de participación en los tributos.
• La aportación a la solidaridad debe ser explícita y debe reflejarse de forma transparente. La Generalitat debe contribuir a la solidaridad con las demás comunidades autónomas a fin de que los servicios prestados por los distintos gobiernos autonómicos a sus ciudadanos puedan alcanzar niveles similares, siempre que lleven a cabo un esfuerzo fiscal también similar.
Esta solidaridad debe estar limitada por el principio de ordinalidad.
C. HACIENDA CATALANA
Con el objetivo de implementar este nuevo modelo, es imprescindible que el desarrollo de la hacienda catalana sea una prioridad para el próximo Gobierno de la Generalidad de Cataluña con el objetivo de que esta administración alcance plena autonomía en la recaudación, gestión, liquidación y inspección de todos los tributos que se generen en Cataluña.
La hacienda catalana debe instrumentalizarse a través de la Agencia Tributaria de Cataluña (ATC) con el objetivo final de asumir progresivamente las funciones de aplicación de todos los tributos generados en Cataluña por medio del ejercicio de las potestades y funciones administrativas de liquidación, recaudación y comprobación de las obligaciones tributarias de los impuestos, con el uso, cuando corresponda, de los mecanismos previstos por la ley.
La asunción de estas competencias requerirá el traspaso de los medios humanos, materiales, económicos y tecnológicos.
D. IMPLEMENTACIÓN
Con el objetivo de implementar este nuevo sistema de financiación singular para Cataluña, será necesario formalizar el presente acuerdo durante el primer semestre de 2025 en la comisión bilateral entre el gobierno de la Generalitat y el del Estado en relación al modelo de financiación. En 2025 será necesario impulsar los acuerdos a los que se llegue en la comisión mencionada anteriormente, a través de las modificaciones legislativas necesarias y, cuando corresponda, se trasladarán a la Comisión Mixta de Asuntos Económicos y Fiscales Estado-Generalitat a fin de que se puedan aprobar.
Los objetivos serán:

---

a) La asunción progresiva, por parte de la Agencia Tributaria de Cataluña, de la gestión, recaudación, liquidación, inspección y disponibilidad de todos los impuestos soportados en Cataluña.
b) El aumento sustancial, por parte de la Generalidad de Cataluña, de la capacidad normativa tributaria en coordinación con el Estado y la Unión Europea.
c) El despliegue calendarizado del nuevo modelo de financiación, empezando por los pasos que se citan en el siguiente apartado.
d) El impulso de las modificaciones que correspondan de la LOFCA, de la Ley de financiación de las comunidades autónomas y de la Ley de cesión de tributos a Cataluña que sean necesarias para la implementación de estos objetivos.
Mayor autonomía de gestión y espacio fiscal propio:
Tal y como establece el artículo 204 y 205 del EAC, la Agencia Tributaria de Cataluña (ATC) puede asumir la gestión, la recaudación, la liquidación y la inspección de los impuestos recaudados en Cataluña y que actualmente gestionan desde la AEAT.
La ATC, creada en 2007 y en funcionamiento desde 2008, cuenta con más de 16 años de experiencia que le avalan para asumir nuevas competencias tributarias. El primer tributo en el que se adelantará en la aplicación de los objetivos de la implementación del nuevo modelo de financiación será el IRPF. Las comisiones mencionadas anteriormente tomarán los acuerdos correspondientes para asegurar su ejecución a lo largo del año 2026.
Adicionalmente, en relación con el espacio fiscal propio de Cataluña, durante el año 2025 se llevarán a cabo los trabajos en las dos comisiones mencionadas anteriormente para llevar a cabo propuestas, como mínimo, sobre:
1. IVA PYMES. Atribución de la recaudación del IVA PYMES en función de su domicilio en lugar de la estadística de consumo y análisis de la extensión de este mecanismo a otros tributos.
2. IVA arrendamientos turísticos: Cuando se apruebe la Directiva europea, se establecerá en la Ley del IVA un sistema de opción para que Cataluña pueda decidir la aplicación del impuesto a los arrendamientos turísticos en su territorio o en parte, lo que permitirá determinar cuál es el régimen de atribución de la recaudación más oportuno.
E. TRANSITORIEDAD
Mientras se produzca el despliegue del nuevo modelo de financiación descrito en este documento se llevarán a cabo las siguientes acciones:
1. Incremento sustancial de recursos: incrementar los recursos derivados de la evolución de las necesidades del Estado del Bienestar y compensar los desequilibrios que se han producido en la vigencia del actual modelo.
2. Ordinalidad según la capacidad fiscal: Cataluña aporta al sistema de financiación más de lo que recibe, ya que tiene un mayor nivel de renta y consumo que otros territorios. En cualquier caso, la financiación de Cataluña debe respetar el principio de ordinalidad. Las contribuciones de las comunidades autónomas por habitante, ordenadas en una escala de mayor a menor, deben mantener el mismo orden que en la escala de lo que

- "Que sea la Generalitat la que gestione, recaude, liquide e inspeccione todos los impuestos soportados en Cataluña y aumente sustancialmente la capacidad normativa en coordinación con el Estado y la Unión Europea.
- La gestión, recaudación, liquidación e inspección de todos los impuestos soportados en Cataluña corresponden a la Agencia Tributaria de Cataluña, salvo los de naturaleza local.
- La aportación catalana a las finanzas del Estado integra la aportación por el coste de los servicios que el Estado presta a Cataluña y la aportación a la solidaridad.
- La aportación de los gastos del Estado se establecerá a través de un porcentaje de participación en los tributos.
- La aportación a la solidaridad debe ser explícita y debe reflejarse de forma transparente. La Generalitat debe contribuir a la solidaridad con las demás comunidades autónomas a fin de que los servicios prestados por los distintos gobiernos autonómicos a sus ciudadanos puedan alcanzar

reciben. Se trata de un cambio estructural en el sistema de financiación, que en caso de no adoptarse durante 2025, requerirá medidas compensatorias.
3. Solidaridad: Cataluña seguirá aportando a la solidaridad territorial.
La aportación debe ser explícita, y debe reflejar de forma transparente cuánto aporta y cuánto recibe, de modo que la contribución a la solidaridad de Cataluña sea conocida y reconocida.
4. Competencias no homogéneas: Cataluña ejerce un conjunto de competencias singulares que no tienen otros territorios. En el cálculo de las necesidades de gasto a financiar en Cataluña deben tenerse en cuenta todas las variables relevantes, como el aumento de la población en edad escolar o el factor envejecimiento, para reflejar adecuadamente las singularidades propias de Cataluña. Es necesario actualizar su financiación atendiendo a sus costes reales y a las nuevas necesidades y funciones que se han generado en su entorno.
5. Consorcio para las inversiones: Para hacer frente al déficit de inversiones en Cataluña y la baja ejecución de las inversiones previstas, se constituirá un Consorcio paritario Estado-Generalitat. Su objeto será la gestión y ejecución de las inversiones del Estado en Cataluña. Se definirá un marco plurianual de financiación en el Convenio de creación del Consorcio en el que se tenga como referencia, para dotarlo presupuestariamente, a la media de inversión pública sobre el PIB en el conjunto del Estado. Es decir, se establecerá la financiación para el Consorcio en una cifra equivalente a la aplicación de la ratio sobre el PIB que se presupuesta."
https://s1.elespanol.com/2024/07/30/actualidad/Acuerdo_PSC_ERC_Espanol.pdf

niveles similares, siempre que lleven a cabo un esfuerzo fiscal también similar.

Esta solidaridad debe estar limitada por el principio de ordinalidad."

Resumiendo, lo que se pretende con este acuerdo es que Cataluña gestione todos los impuestos que deban recaudarse en el territorio, incrementando su capacidad normativa sobre ellos y aportando al Estado, de lo recaudado, una cuantía integrada por dos elementos: la valoración de los servicios que presta el Estado —que consistirá en un porcentaje de participación en los tributos— y la aportación de Cataluña a la solidaridad, con la finalidad de garantizar en todos los territorios un nivel similar de servicios a igualdad de esfuerzo fiscal. El resultado final debe respetar que la posición de los territorios de acuerdo con los recursos disponibles por habitante no altere la que resulta en relación con su respectiva capacidad fiscal (el principio de ordinalidad)[125].

Leyendo el texto del acuerdo, fuera de otras cuestiones, lo primero que llama la atención es que recoge las reivindicaciones tradicionales del independentismo en materia fiscal, basadas en cálculos que han sido muy discutidos por la doctrina, como vamos a ver a continuación. Por otra parte, habría que distinguir los aspectos jurídico-políticos e institucionales y los aspectos económicos y fiscales. Según hemos explicado previamente, un régimen singular para Cataluña tendría encaje en la actual Constitución española, dentro de los derechos históricos y una interpretación conjunta de Disposición Adicional Primera y de la Disposición Transitoria Segunda.

Otra cosa es que, lógicamente, esta decisión afecte al resto de las CCAA de régimen común, como es todavía Cataluña, por lo que debe tomarse dentro del Consejo de Política Fiscal y Financiera, donde debe pactarse un nuevo sistema de financiación que atienda las necesidades de todas las CCAA según el principio de solidaridad, y no de forma bilateral a través de una ley de cesión de tributos a Cataluña. Un acuerdo que a la postre va a afectar a todas las CCAA y a cambiar, de hecho, el sistema de financiación de todas las CCAA no puede tomarse por razones de urgencia política y necesidades de mera gobernabilidad. En España, nos estamos acostumbrando a legislar sin tener en cuenta una idea de Estado, y

125 López Basaguren, A., "Un Estado fiscalmente debilitado", IDEAL, 2 de agosto de 2024. https://www.ideal.es/opinion/alberto-lopez-basaguren-estado-fiscalmente-debilitado-20240803230030-nt.html#edtn=granada&vca=fixed-btn&vso=rrss&vmc=cp&vli=opinion

una reforma de la LOFCA, que es una norma que está dentro del bloque de la constitucionalidad, debería implicar un acuerdo entre todos los partidos políticos y de todas las CCAA.

Luego están las cuestiones económicas. Como ha explicado De La Fuente[126], no es cierto que en Cataluña exista un déficit fiscal con el Estado, pues lo que suele estar detrás de las opiniones sobre las balanzas fiscales es el descontento ante la percepción de injusticia en el reparto de las cargas y beneficios públicos, o el deseo de fomentar tal percepción con fines electorales. Como señalan también Borrell y Jorach en un libro de lectura recomendable para comprender la confusión que se ha creado en los últimos años en la opinión pública en torno a la independencia de Cataluña (*Las cuentas y los cuentos de la independencia*), la balanza fiscal de un territorio mide los ingresos que dicho territorio aporta a la Administración central del Estado del que forma parte (impuestos y cotizaciones sociales) y los beneficios que recibe de esta (transferencias, pensiones, inversiones o servicios públicos)[127]. Además, habría que recalcar que, en un sistema tributario regido por el principio de capacidad económica, la mayor contribución es de los ciudadanos con mayor nivel de renta, no de los territorios, aunque los ciudadanos con mayor nivel de renta suelan vivir en las comunidades autónomas consideradas más ricas.

Para analizar esta cuestión se utilizan dos métodos diferentes, el de carga-beneficio y el de flujo monetario. En el enfoque de flujo monetario los retornos se identifican con el gasto estatal realizado físicamente en la región, mientras que en carga-beneficio se intenta aproximar la distribución territorial de los beneficiarios de tal gasto, que no tiene por qué coincidir necesariamente con su localización física. Pero si lo que se quiere es valorar la equidad del reparto territorial de los costes y beneficios del sector, el procedimiento natural para calcular los saldos fiscales regionales es el de carga-beneficio a pesar de su mayor complejidad y margen de subjetividad. Como explica De la Fuente[128]:

"Un problema adicional se debe a la borrosa frontera que existe en este ámbito entre metodología e ideología. Los defensores del enfoque del flujo moneta-

[126] De la Fuente, A., *Las balanzas fiscales y algunas cuestiones relacionadas*, Apuntes 2024/19, julio de 2024, FEDEA.

[127] Borrell, J., Jorach, *Las cuentas y los cuentos de la independencia*, Los libros de la catarata, Madrid, 2015, Edición de Kindle, capítulo 3, www.amazon.com.

[128] De la Fuente, A., *Las balanzas fiscales y algunas cuestiones relacionadas* cit., pág, 4.

rio, o al menos las administraciones y grupos políticos que encargan y patrocinan sus cálculos (notablemente la Generalitat de Cataluña, los partidos que la han gobernado en tiempos recientes y sus asociaciones afines), suelen interpretar el déficit fiscal de su comunidad autónoma con el Estado como lo que sus residentes pagan de más, o incluso como lo que el perverso Estado español les roba. Esta línea de argumentación lleva rápidamente al absurdo. Primero, si el déficit fiscal ha de ser cero, esto es, si todos los impuestos han de volver necesariamente a los territorios en los que se pagan, no habría espacio alguno para la redistribución regional. Tal como se hacen las cuentas en el flujo monetario, además, tampoco habría espacio para contribución alguna a la financiación de los servicios comunes del Estado que no se localizan físicamente en la propia comunidad. Así, por ejemplo, cada comunidad debería financiar (por entero) aquellas unidades e instalaciones militares que se localizan en su territorio, pero nada más. En el caso de aquellos bienes y servicios que se producen fuera del territorio nacional, finalmente, la conclusión sería que nadie en España tendría por qué hacerse cargo de su coste. Las embajadas, por ejemplo, deberían ser sufragadas por los residentes de los países en los que se sitúan, pues ellos serían los beneficiarios reales del gasto de acuerdo con la lógica del flujo monetario".

En la actualidad, de hecho, con el actual sistema País Vasco y Navarra están sobrefinanciadas respecto a las CCAA de régimen común. Como explica De la Fuente, "para ayudar a informar el debate sobre la equidad del reparto territorial de los recursos públicos se necesitan instrumentos estadísticos que hagan posible un análisis de los flujos fiscales interregionales más rico y matizado que el que permiten los saldos fiscales agregados. Este es precisamente el objetivo del Sistema de Cuentas Públicas Territorializadas (SCPT)[129], adoptado durante algunos años por el Ministerio de Hacienda". Basándose en los datos publicados, el autor hace el siguiente análisis:

"El Gráfico 2 muestra la financiación homogénea (a iguales competencias y esfuerzo fiscal) por habitante ajustado (o por unidad de necesidad) de las comunidades autónomas de régimen común durante el período 2002-21 utilizando índices con media igual a 100 para el conjunto de estos territorios. La línea continua muestra el promedio de esta variable durante el conjunto del período y las

129 Ministerio de Hacienda (MH, 2024). Sistema de Cuentas Públicas Territorializadas. https://www.hacienda.gob.es/es-ES/CDI/Paginas/OtraInformacionEconomica/Sistemacuentas-territorializadas.aspx

líneas discontinuas los valores máximo y mínimo de la misma para cada región. No se incluyen las comunidades forales por falta de datos comparables para todo el período, pero la información disponible en el SCPT (MH, 2024) apunta a que tanto Navarra como el País Vasco disfrutan de niveles de financiación muy superiores a los de cualquier comunidad de régimen común. Como se aprecia en el Gráfico 2, Cataluña ha estado siempre en torno a la media de las comunidades de régimen común en términos del indicador que estamos analizando. Casualmente, el promedio de su índice de financiación homogénea es exactamente 100,0, con un mínimo de 96,9 y un máximo de 104,5. Los datos, por tanto, no avalan la tesis del maltrato, pero esto no quiere decir que no haya problemas o legítimos motivos de queja por parte de Cataluña y otras comunidades en materia de financiación autonómica."

G. 2. Financiación homogénea por habitante ajustado

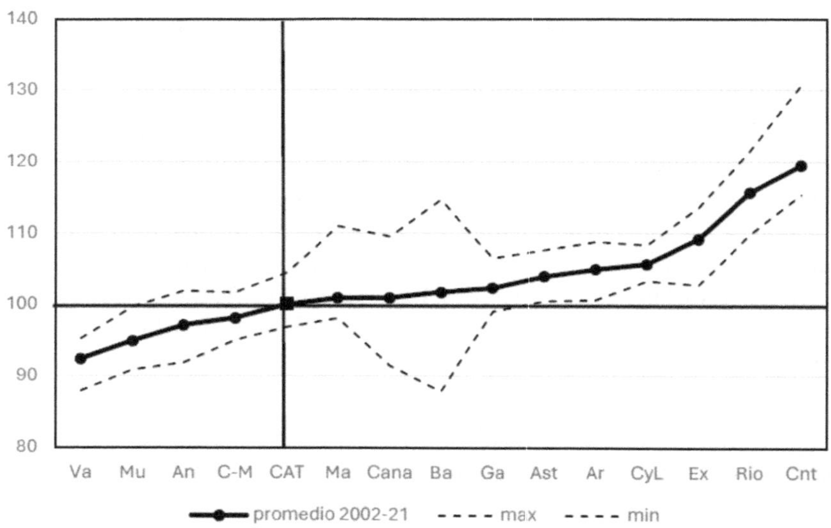

- *Fuente:* de la Fuente (2023).

"Estos problemas tienen que ver con la elevada desigualdad del reparto de recursos entre autonomías y con su alto grado de arbitrariedad. Trabajando con promedios sobre veinte años, existe un abanico de 27 puntos porcentuales entre las comunidades de régimen común mejor y peor tratadas por el sistema que puede generar diferencias importantes en la calidad de los servicios públicos de competencia autonómica. Así, Valencia estaría en 92,4 en términos del índice de financiación relativa por habitante ajustado, mientras que Cantabria está en 119,6 sin que existan motivos comprensibles para ello. Disparidades de esta magnitud ayudan a entender los sorprendentes saldos fiscales de algunas comunidades comentados más arriba."

G. 3. Cambios en el *ranking* de recursos por habitante ajustado inducidos por el SFA, al pasar de capacidad fiscal a financiación definitiva (promedios entre 2002 y 2021).

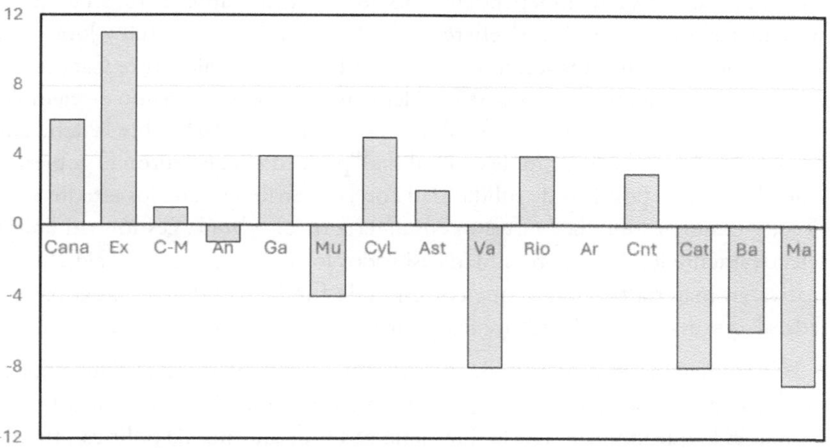

"La ordenación de las comunidades autónomas en términos de recursos por habitante ajustado tras la aplicación del sistema de financiación autonómica (SFA) carece, además, de toda lógica. No es que las regiones pobres, o las ricas, estén sistemáticamente bien o mal tratadas, sino que hay un poco de todo. Así, Andalucía y Murcia están entre 95 y 97 mientras que Extremadura anda por 109. Cataluña y Madrid están entre 100 y 101 frente a los casi 120 ya citados de Cantabria o los 116 de la Rioja. Así pues, el sistema cambia por completo la ordenación de las CCAA en términos de recursos por habitante. Esto se aprecia con claridad en el Gráfico 3, donde se muestran las variaciones que el sistema induce en el ranking de recursos por habitante ajustado, al pasar de la capacidad fiscal de cada territorio (sus ingresos tributarios homogéneos o a igual esfuerzo fiscal) a su financiación homogénea realmente observada tras la aplicación del sistema. Así, Extremadura pasa de la penúltima a la tercera posición, ganando once puestos en el ranking regional, mientras que Madrid pierde nueve posiciones, Cataluña y Valencia ocho y Baleares seis. Por lo tanto, nuestro sistema de financiación regional viola sistemáticamente lo que en ocasiones se denomina el principio de ordinalidad, esto es, la muy razonable restricción que permite que el sistema reduzca (hasta cero, si así se desea) las diferencias de partida entre comunidades, pero exige que esto se haga sin alterar la ordenación de los territorios en recursos por habitante ajustado. Revertir esta situación, a la vez que se garantiza un reparto más igualitario, debería ser una de las prioridades de la próxima reforma"[130].

Por lo que leemos en la prensa y a falta de que el acuerdo se apruebe en el Parlamento en el primer semestre de 2025 según el texto, el Gobierno español ha aceptado el discurso del independentismo de los últimos años. Pero, en lo que a la financiación autonómica se refiere y, como han explicado Borrell y Jorach[131], los argumentos utilizados son falsos: sobre las balanzas fiscales entre Cataluña y España y con relación a los *Länder* en Alemania, que se han tomado de ejemplo (un país que no realiza balanzas fiscales respecto a los *Länder*); sobre la deficiente comprensión del principio de ordinalidad, pues en el país teutón el gobierno federal aplica las políticas de solidaridad con la contribución de los estados más ricos; y también sobre la confusión en materia fiscal sobre la gestión tributaria (efectivamente los *Länder* recaudan casi todos los tributos) y la capacidad normativa en materia tributaria, que corresponde fundamentalmente al gobierno federal, que es el que redistribuye los recursos del sistema en Alemania.

Como hemos explicado en alguna ocasión, y volveremos en el siguiente capítulo, si atendemos a capacidad normativa en materia tributaria, que a fin de cuentas es lo que importa si de lo que hablamos es de autonomía política y financiera, España es un país más descentralizado fiscalmente que Alemania, si bien es verdad que los *Länder* ostentan las competencias para la gestión de los tributos en su territorio, cuestión a la que aspira Cataluña y que quizá fuera trasladable al resto de las CCAA: la gestión y recaudación de los tributos, pero no la capacidad normativa sobre la totalidad de los tributos estatales cedidos, pues en mi opinión el Estado deber seguir ejerciendo su papel armonizador sobras las principales figuras tributarias. Una cuestión en todo caso discutible, pues si se permite a las CCAA la recaudación de todos los tributos, se les da también la oportunidad de negociar con el Estado el nivel de transferencias.

---

130 De la Fuente, A., *Las balanzas fiscales y algunas cuestiones relacionadas* cit., págs. 7-9.

131 Borrell, J., Jorach, *Las cuentas y los cuentos de la independencia*, Los libros de la catarata, Madrid, 2015, Edición de Kindle, capítulo 3, www.amazon.com.

El principio de ordinalidad se recoge en el artículo 206.5 del Estatuto de Cataluña, que dispone: "El Estado garantizará que la aplicación de los mecanismos de nivelación no altere en ningún caso la posición de Cataluña en la ordenación de rentas per cápita entre las Comunidades Autónomas antes de la nivelación"[132].

Un principio copiado de la jurisprudencia del Tribunal Constitucional Federal Alemán, y conforme al cual las transferencias de nivelación que exige el principio de Estado federal no deben comportar ni una nivelación total de la capacidad financiera de los *Länder* ni un debilitamiento excesivo de la posición de aquellos que aportan recursos a la nivelación, admitiendo sólo en situaciones excepcionales que se pueda alterar ese orden a través de las transferencias complementarias que realice el Estado Central o mediante ponderación positiva de la población[133]. Y que según el TC (STC 31/2010 FJ134), es un principio "inherente al modelo de solidaridad interterritorial, en cuya virtud el Estado viene constitucionalmente obligado a procurar un "equilibrio económico, adecuado y justo" entre las Comunidades Autónomas que no perjudique a las más prósperas más allá de lo razonablemente necesario para el fin de la promoción de las menos favorecidas"; o, dicho, de otro modo, que "la aplicación de los mecanismos de nivelación no puede alterar la ordenación de las regiones en términos de renta por habitante"[134].

De lo que estamos hablando es de una colisión de principio de solidaridad con el principio federal o territorial, es decir, con el deseo de los territorios más ricos de beneficiarse de su mayor capacidad tributaria, y más, si como ocurre en España, el desarrollo de este principio de solidaridad establecido en el artículo 158 CE no está sometido a límites claros[135], más allá de la salvaguarda de la autonomía financiera a la que se refiere el artículo 138 CE. Y así, señalaba el informe de la comisión de expertos para la reforma de la financiación autonómica, "como

---

132 LO 6/2006, de 19 de julio.

133 Martos García, J. J. "Financiación Autonómica y propuestas de reforma de la Constitución Española", *Quincena Fiscal*, número 4, 2016, pág. 8, consultado en www.aranzadigital.es

134 Montilla Martos, J. A., "La financiación autonómica en la reforma constitucional", en *Repensar la Constitución. Ideas para una reforma de la Constitución de 1978: reforma y comunicación dialógica. Parte primera* (Freixes Sanjuán, T; Gavara De Cara, J.C. (coordinadores), Boletín Oficial del Estado BOE, Madrid, 2016, pág. 249.

135 Martos García, J. J. "Financiación Autonómica y propuestas de reforma de la Constitución Española" cit., pág. 7, consultado en www.aranzadigital.es

ni en la Constitución ni en la LOFCA se establece ninguna limitación concreta que pueda alcanzar siquiera sea indirectamente al núcleo esencial o contenido básico del principio de solidaridad interterritorial, el principio de ordinalidad no puede configurarse como un límite de general aplicación al sistema de financiación de las CCAA de régimen común"; una opinión contraria a la López I Casanovas, experto propuesto por la CA de Islas Baleares, quien entiende que la nivelación total de los servicios públicos fundamentales es contraria al principio de ordinalidad y desvirtúa la autonomía y responsabilidad fiscal exigible en un modelo que aspire a ser de corte federal"[136].

Sin embargo, como han destacado Borrell y Jorach[137], también aquí hay que aclarar el método de cálculo para afirmar que después de transferir recursos a la Hacienda Central y a las demás CCAA, Cataluña retrocede en las posiciones del ranking autonómico de renta per cápita. Y resulta que no es cierto. Entendiendo por renta per cápita el PIB per cápita, de acuerdo con lo que dice el Estatut de Cataluña, el principio de ordinalidad se cumplía antes y se cumple después de su aprobación, porque el orden de magnitud de las transferencias de nivelación es pequeño comparado con el de los PIB per cápita y difícilmente van a modificar una ordenación basada en ese criterio. Si a los PIB per cápita de las CCAA se les añade el efecto redistributivo del sistema de financiación, Cataluña se sitúa 4ª en el ranking de las CCAA (con datos de 2013, que son extrapolables a la actualidad, como hemos comprobado previamente). Otra cosa sería que el criterio ordenador fuese la financiación per cápita del sistema de financiación autonómico (o per cápita ajustada teniendo en cuenta las características demográficas de la población), y lo que hay que estudiar son los cambios en el orden antes y después de aplicar los mecanismos de nivelación del sistema, que establecen cambios, lógicamente, pues se trata de favorecer a las CCAA con menor nivel del renta.

Es por lo que, en el pacto PSC-ERC de 2024, se hace referencia al principio de ordinalidad según capacidad fiscal:

"Cataluña aporta al sistema de financiación más de lo que recibe, ya que tiene un mayor nivel de renta y consumo que otros territorios. En cualquier caso, la financiación de Cataluña debe respetar el principio de ordinalidad. Las contri-

---

136 VV.AA., *Informe de la Comisión de Expertos para la revisión del Modelo de Financiación Autonómica*, Ministerio de Hacienda y Función Pública, Madrid, 2017, págs. 145 y 152.

137 Borrell, J., Jorach, *Las cuentas y los cuentos de la independencia*... cit., capítulo 9, www.amazon.com.

buciones de las comunidades autónomas por habitante, ordenadas en una escala de mayor a menor, deben mantener el mismo orden que en la escala de lo que reciben. Se trata de un cambio estructural en el sistema de financiación, que en caso de no adoptarse durante 2025, requerirá medidas compensatorias".

Pero se parte de nuevo de una premisa falsa, pues como destacó Calvo Ortega, también lo es el debate sobre lo que aportan las comunidades ricas, que no aportan nada. El actual sistema de financiación les atribuye recursos, según hemos visto ya, según sus propios niveles de renta y consumo. Y hay que recalcar que la renta y el consumo la obtienen y lo realizan los ciudadanos.

En este contexto, y sobre una de la aprobación de un nuevo sistema de financiación de las CCAA, hemos vuelto a oír propuestas como la del expresidente del País Vasco, Íñigo Urkullu[138], de generalizar el Concierto vasco no sólo para Cataluña, sino para todas las CCAA, pero como ya hemos comentado, no es una buena opción. Zubiri[139] calculó que si se aplicase el régimen fiscal de País Vasco y Navarra a las CCAA de régimen común todas ganarían en recursos económicos, salvo las dos más pobres (entonces): Andalucía y Extremadura. Destacó que la generalización del sistema foral para todas las CCAA vaciaría de capacidad fiscal al Estado central y limitaría sus ingresos a las transferencias que recibiera de la CCAA. Además, se trataría de un sistema ineficiente, que daría lugar a la deslocalización de personas (lo hemos visto con el ISD en CCAA como Madrid, que bonificó la cuota del impuesto) y de empresas (por motivos políticos, también lo estamos comprobando actualmente en Cataluña).

La única forma de evitarlo sería establecer unas normas muy estrictas de armonización, colaboración y cooperación, lo que nos llevaría nuevamente a un sistema centralizado y constituiría la prueba de que la generalización del sistema foral no es necesaria. Además, señala Zubiri[140] que la generalización del sistema foral es inviable porque vaciaría de capacidad fiscal al Estado, aumentaría la presión fiscal indirecta de las empresas y el fraude, reduciría la equidad interregional

---

138 *Riesgo unilateral y solidaridad*, tribuna publicada en el diario El País el 4 de diciembre de 2017. https://elpais.com/elpais/2017/12/03/opinion/1512306484_333570.html

139 Zubiri, I., "La capacidad normativa de las comunidades forales. Su extensión al resto de Comunidades Autónomas", *Papeles de Economía*, núm. 83, págs. 137-139.

140 Zubiri, I., "Los sistemas forales: características, resultados y su posible generalización", en Lago, S. (ed.), *La financiación del Estado de las Autonomías: perspectivas de futuro*, Estudios de Hacienda Pública, Instituto de Estudios Fiscales, Madrid, 2007, pág. 387.

y supondría un coste presupuestario inaceptable (25 millardos de euros, equivalentes al 3,6% del PIB). En la misma línea, De la Fuente considera que la generalización del sistema de concierto no sería una buena idea ni con criterios de eficiencia ni de equidad, y destaca que "con todos sus defectos, el actual modelo de régimen común encarna una opción de tipo federal que ha demostrado ser la mejor fórmula existente para organizar un Estado descentralizado"[141].

Por otra parte, la decisión de pactar un régimen fiscal propio de entre el Estado y una autonomía sin tener en cuenta al resto de las CCAA es todo lo contrario a un sistema federal o al federalismo fiscal, pues se está tomando sin tener en cuenta los intereses de otros territorios y de los ciudadanos. Un reconocimiento de la singularidad de las diferentes nacionalidades o comunidades autónomas que conforman el Estado español es compatible con el principio de solidaridad. Al revés de lo que se ha hecho hasta ahora, no debe avanzarse en la descentralización y autonomía territorial a través de la concesión de privilegios fiscales, sino ahondado en el reconocimiento de las singularidades institucionales y nacionales de las distintas comunidades autónomas —la identidad política— que tienen que compartir, sin embargo, un mismo sistema de financiación presidido por el principio de solidaridad entre todos los españoles.

Sería una oportunidad para reconocer no sólo la singularidad de estas CCAA, sino para que todas las CCAA, incluyendo a los nacionalismos históricos, especialmente País Vasco, Navarra y Cataluña, participen en los mecanismos de solidaridad igual que el resto de las CCAA, una de las deficiencias del actual sistema respecto a País Vasco y Navarra. La solidaridad no es sólo un adjetivo para maquillar una ley, sino que debe ser efectiva. Una reforma de la LOFCA en la que se incluya la singularidad de Cataluña debe ir en esa dirección. El modelo que se propone nos aleja más que nos acerca al de los países federales, como recordaremos en el capítulo siguiente, pues lo que hace el Estado es renunciar a gravar un 20% de su economía y a recaudar impuestos en una parte de su territorio (lo que ya ocurre, sí, en País Vasco y Navarra).

Además, la concesión a la Agencia Tributaria de Cataluña (ATC) de la gestión de todos los impuestos puede suponer un aumento del coste recaudatorio, del fraude, de las diferencias de inspección y del coste de cumplimiento para

---

141 De la Fuente, A., "Sobre la generalización del sistema de concierto", FEDEA e Instituto de Análisis Económico (CSIC), Madrid, 2018, pág. 1 y 3.

muchas empresas[142], como ha expresado la asociación de inspectores de Hacienda, IHE[143], ya que la creación de un régimen fiscal propio para Cataluña en los términos pactados, en el que la Agencia Tributaria Catalana gestione y recaude el 100% de los tributos, supondría la pérdida para el Estado de casi una quinta parte de su PIB, y que la AEAT saliera del territorio catalán, por lo que podrían vulnerarse los principios de igualdad entre los ciudadanos y de solidaridad entre las regiones[144].

Por otra parte, este pacto fiscal tampoco resuelve el problema de fondo, que es la reclamación de independencia por parte de un sector de la población de Cataluña. Precisamente, quizá deberíamos cambiar la perspectiva y pensar más en los ciudadanos, que son, al fin, y al cabo, los que sostienen el sistema tributario según su capacidad económica, que el principio constitucional básico en materia tributaria. El bienestar general debería primar sobre los intereses de gobierno, de partidos o de territorios.

4.2.2. ISLAS CANARIAS

El carácter especial del régimen económico y fiscal de la Comunidad Autónoma de las Canarias está reconocido en la Disposición Adicional Tercera de la CE, que dispone: "La modificación del régimen económico y fiscal del archipiélago canario requerirá informe previo de la Comunidad Autónoma o, en su caso, del órgano provisional autonómico". Sus características generales están recogidas en el Título VI del Estatuto de Autonomía (Ley Orgánica 1/2018, de 5 de noviembre, de reforma del Estatuto de Autonomía de Canarias), que en el artículo 166.2 señala que "el régimen económico y fiscal de Canarias se basa en la libertad comercial de importación y exportación, en la no aplicación de monopolios, en

---

142 Monasterio Escudero, C., Zubiri Oria, I., *Guía para navegantes del pacto catalán*, El País, 2 de septiembre de 2024.
https://elpais.com/opinion/2024-09-02/guia-para-navegantes-del-pacto-catalan.html

143 Por qué los inspectores de Hacienda creen que el 'cupo catalán' aumentará el fraude fiscal, ABC, 26/03/2024.
ttps://www.abc.es/economia/inspectores-hacienda-ven-riesgos-plena-soberania-fiscal-20240325191549-nt.html

144 Hinojosa Arco, J., "Centralización y descentralización tributaria: consideraciones a la propuesta de una Agencia Tributaria propia para Cataluña", *Revista Quincena Fiscal* núm. 14/2024, pág. 15, consultado en www.aranzadigital.es

las franquicias fiscales estatales sobre el consumo, y en una política fiscal diferenciada y con una imposición indirecta singular, que se deriva del reconocimiento de las Islas Canarias como región ultraperiférica en el Tratado de Funcionamiento de la Unión Europea". Un régimen jurídico especial previsto en la Disposición Adicional Cuarta de la LOFCA y desarrollado por la Ley 19/1994, de 6 de julio (modificada por la Ley 8/2018, de 5 de noviembre), que crea la Zona Especial Canaria, con el objetivo de atraer inversiones y especialidades en la imposición indirecta.

También la Ley 22/2009, de 18 de diciembre, por la que se regula el sistema de financiación de las Comunidades Autónomas de régimen común y Ciudades con Estatuto de Autonomía y se modifican determinadas normas tributarias, se refiere en la Disposición Adicional Segunda a este régimen especial:

"En relación con la Comunidad Autónoma de Canarias, tanto la determinación de los recursos financieros del sistema en el año base, de su capacidad tributaria, de la transferencia del Fondo de Garantía de Servicios Públicos Fundamentales y de su Fondo de Suficiencia Global, así como la participación en los fondos de convergencia autonómica y el régimen de cesión de tributos, se realizarán respetando lo establecido en su peculiar régimen económico y fiscal, establecido en las leyes integrantes del Régimen Económico Fiscal de Canarias y sus normas de desarrollo. Dicho régimen fiscal tradicional otorga una menor presión fiscal en el territorio canario y sanciona la imposibilidad de compensación o de reducción del volumen de gasto corriente o de capital del Estado por esta causa".

La justificación de las especialidades del régimen tributario de Canarias se encuentra en los costes derivados de su situación de insularidad, la lejanía de los grandes centros de producción y consumo y, en general, de los derivados de su ubicación en relación del territorio del Estado y de la Unión Europea.

En lo que se refiere a la imposición indirecta, no se aplican el IVA, el Impuesto Especial de Hidrocarburos, el Impuesto especial sobre las labores del Tabaco, el Impuesto sobre el Vino y Bebidas Fermentadas y el Impuesto sobre el Carbón, por la existencia de otras figuras tributarias de titularidad y regulación estatal, si bien al Disposición Adicional Octava de la Ley 2/2009 atribuye competencias normativas a la comunidad canaria; sino que se aplican otros tributos exclusivos de las islas: el Impuesto General Indirecto Canario (IGIC), cuya gestión, liquidación, recaudación e inspección corresponde los órganos de la Comunidad Autónoma de Canarias (artículo 62 Ley 29/ 1991, de 7 de junio, de modificación de los aspectos fiscales del Régimen Económico Fiscal de Canarias), y la recaudación se distribuye entre la comunidad autónoma y los cabildos insulares (artículo 64 Ley 20/1991); el Arbitrio sobre las Importaciones y Entregas de Mercancías, impuesto estatal indirecto de carácter arancelario que es gestionado por la comunidad autónoma en función de sus competencias (artículo 90 Ley 20/1991), destinándose su recaudación a la promoción de actividades locales (artículo 92 Ley 20/1991), y el Impuesto Especial de la Comunidad Autónoma de Canarias sobre combustibles derivados del petróleo y el Impuesto sobre Labores del Tabaco.

La Disposición Adicional Octava de la Ley 22/2009, de 18 de diciembre, atribuye a la Comunidad Autónoma de Canarias competencias normativas en el Impuesto General Indirecto Canario (IGIC) y en el Arbitrio sobre Importaciones y Entregas de Mercancías en las Islas Canarias. El IGIG (Ley 20/1991, de 7 de junio, de modificación de los aspectos fiscales del régimen económico fiscal de Canarias y la Ley 4/2012 de 25 de junio, de medidas administrativas y fiscales, y la Ley 17/2019 de 9 de mayo) es un impuesto con unas características similares al IVA, aunque se aplican unos tipos impositivos más reducidos, que van del 0 al 20%[145].

La Ley 19/1994, de 6 de julio, que crea la Zona Especial Canaria, establece otras particularidades: el principio de libertad comercial, que permite la importación y exportación de mercancías sin restricciones cuantitativas y sin más limitaciones que las de orden público y las derivadas del Derecho Comunitario; la existencia de importantes incentivos a la inversión en el ITAPYAJD y en el IGIC en relación con empresas de nueva creación que amplíen o modernicen sus instalaciones en Canarias; bonificaciones especiales en el IS y en el IRPF por rendimientos de la exportación a terceros países o a la Unión Europea de bienes corporales producidos en el archipiélago; la reducción en la base imponible del IS a entidades que con relación a sus establecimientos situados en Canarias apliquen beneficios no distribuidos a la reserva para inversiones; exenciones para los beneficios de los sujetos que operen en la Zona Especial Canaria; y el régimen de franquicias arancelarias, que supone la exención de tributos sobre la importación o exportación de mercancías[146].

---

145 Pérez Zúñiga, J. M, y Sellam Mohamed, A., "Sistema de financiación de la Ciudad Autónoma de Melilla e Implicaciones de su entrada en la Unión Aduanera", en *Presente y futuro de Melilla: Estrategias de gobernanza y políticas públicas*, Dikynson, 2024.

146 Calvo Ortega, R.; Calvo Vérgez, J., "Curso de Derecho Financiero", Aranzadi, 2021, págs. 732-73 (versión electrónica).

También queremos destacar las medidas introducidas en las Islas Canarias a consecuencia de la erupción producida en la isla de La Palma. Por el Decreto ley 12/2021, de 30 de septiembre, por el que se adoptan medidas tributarias, organizativas y de gestión como consecuencia de la erupción volcánica en la isla de La Palma (BOC de 1 de octubre de 2021), además de introducir deducciones en las trasmisión de bienes inmuebles y vehículos, se establece una bonificación del 100% en el Impuesto sobre Sucesiones y Donaciones de las cuotas tributarias correspondientes a donaciones de cantidades en metálico siempre que se realicen antes del 31 de diciembre y que se den las circunstancias recogidas en la normativa, fundamentalmente que el donatario sea propietario, usufructuario o nudo propietario de un inmueble que haya sido destruido por la acción de la lava y que la cantidad en metálico donada debe destinarse a la adquisición o construcción de un inmueble situado en la isla de La Palma. Es un buen ejemplo de una medida fiscal adoptada por una circunstancia específica, en este caso una catástrofe natural.

Y también hay que hacer referencia a la Disposición Adicional 57 de la LIRPF, introducida por la Ley 31/2022, de 23 de diciembre de Presupuestos Generales del Estado para el año 2023, en la que se regula la deducción por residencia habitual y efectiva en la isla de La Palma en los períodos impositivos 2022, 2023 y 2024: "En los períodos impositivos 2022, 2023 y 2024, la deducción prevista en el número 1.º del apartado 4 del artículo 68 de esta ley será aplicable, en los mismos términos y condiciones, a los contribuyentes con residencia habitual y efectiva en la isla de La Palma, debiendo entenderse, a estos efectos, que las referencias realizadas a Ceuta y Melilla en dicho artículo y en su desarrollo reglamentario lo son a la isla de La Palma".

Es decir, que la deducción del 60% en el IRPF que se aplica a los residentes en Ceuta y Melilla también será aplicable a los residentes en la isla la Palma.

4.2.3. ISLAS BALEARES

La Disposición Adicional Sexta de la Ley Orgánica 1/2007, de 28 de febrero, de reforma del Estatuto de Autonomía de las Islas Baleares recoge la creación por el Estado de un régimen especial[147] en reconocimiento del hecho específico y

[147] Antes se había aprobado la Ley 30/1998, de 29 de julio, del Régimen Especial de Las Illes Balears, que contenía distintas medidas de tipo económico, como la bonificación

diferencial de la insularidad de esta comunidad autónoma, que no tiene el reconocimiento constitucional con el que sí cuenta Canarias (Disposición Adicional Tercera CE). Y ha sido la Disposición Adicional Séptima de la Ley 31/2022, de 23 de diciembre, de Presupuestos Generales del Estado para 2023, la que ha introducido medidas fiscales concretas (más que un régimen fiscal, propiamente dicho, entendido como una nueva institución jurídica propia de Baleares, como el de Canarias[148]) con efectos para los periodos impositivos que comiencen el 1 de enero de 2023 y hasta el 31 de diciembre de 2028, aunque podrían prorrogarse. Una normativa que ha tendido desarrollo por el Real Decreto 710/2024, de 23 de julio, por el que se aprueba el Reglamento de desarrollo del Régimen fiscal de las Islas Baleares.

Este régimen fiscal especial establece dos medidas principales, que tienen por objetivo paliar los costes de insularidad de las empresas que realizan actividades económicas en las Islas Baleares y mejorar su competitividad respecto a las empresas que operan en la península[149]:

– Reserva para Inversiones de en las Islas Baleares (apartado cuatro de la DA 7ª de la LPGE 2023, artículos 2 y ss. del RD 710/2024), inspirada en la existente para Canarias, por la que los contribuyentes del IS, del IRNR y los del IRPF que determinen sus rendimientos por el método de estimación directa tendrán derecho a la reducción de la base imponible de las cantidades que, con relación a sus establecimientos situados en las Islas Baleares, destinen de sus beneficios a la reserva para inversiones según los requisitos del apartado cuatro de la DA 7ª de la LPGE 2023. Esta reducción se aplicará a las dotaciones que en cada período impositivo se hagan a la reserva de inversiones hasta el límite del 90% de la parte del beneficio obtenido en el mismo período que no sea objeto de distribución en cuanto proceda de establecimientos situados en las islas sin que su aplicación pueda determinar que la base imponible sea negativa. Estas dotaciones de la reserva deben convertirse en un plazo de tres años en inversiones concretas destinadas a la adquisición de elementos patrimoniales del inmovilizado material o inmaterial, creación de puestos de trabajo o suscripción de acciones o participa-

---

del transporte de viajeros, pero no medidas tributarias, modificada luego por el Real Decreto-ley 4/2019, de 22 de febrero.

148 Navarro Gómez, R. J., "Comentarios sobre el nuevo Régimen Fiscal Especial de las Illes Balears", *Nueva Fiscalidad* número 4, Octubre-Diciembre 2023, pág. 115.

149 Navarro Gómez, R. J., "Comentarios sobre el nuevo Régimen Fiscal Especial de las Illes Balears" cit., pág. 106.

ciones emitidas por sociedades como consecuencia de constitución o ampliación de capital que desarrollen sus actividades en las Islas Baleares.

– Régimen especial para empresas industriales, agrícolas, ganaderas y pesqueras (apartado cinco de la DA 7ª de la LPGE 2023, artículos 25 y ss. del RD 710/2024), que consiste en una bonificación del 10% aplicable sobre la parte de la cuota íntegra correspondiente a los rendimientos derivados de la venta de bienes corporales producidos en las Islas Baleares y derivados de las actividades ganaderas, industriales y pesqueras, siempre que se cumplan los requisitos establecidos en esta disposición sobre el mantenimiento o el incremento de la plantilla media de las empresas, lo que puede determinar también el incremento de la bonificación hasta el 25%.

Los incentivos de este régimen fiscal serán incompatibles con la deducciones para incentivar determinadas actividades recogidas en el capítulo IV del título VI de la Ley de IS y con cualquier beneficio fiscal que pueda considerarse ayuda de Estado según el derecho de la UE, por lo que deberán respetar los límites cuantitativos establecidos en la normativa de la UE sobre las ayudas de *minimis*[150], reguladas en el artículo 3 del Reglamento 1407/2013 de la Comisión, de 17 de diciembre de 2013, que establece un umbral cuantitativo máximo[151]. Unos límites más estrictos que los del Régimen Especial de las Islas Canarias, al

---

150 Los beneficios fiscales solo resultarán de aplicación para los contribuyentes que desarrollen su actividad en los ámbitos regulados en los Reglamentos (UE) 360/2012 de la Comisión, de 25 de abril de 2012, relativo a la aplicación de los artículos 107 y 108 del Tratado de Funcionamiento de la Unión Europea a las ayudas de minimis concedidas a empresas que prestan servicios de interés económico general; 1407/2013 de la Comisión, de 18 de diciembre de 2013, relativo a la aplicación de los artículos 107 y 108 del Tratado de Funcionamiento de la Unión Europea a las ayudas de minimis; 1408/2013 de la Comisión, de 18 de diciembre de 2013, relativo a la aplicación de los artículos 107 y 108 del Tratado de Funcionamiento de la Unión Europea a las ayudas de minimis en el sector agrícola, y 717/2014 de la Comisión, de 27 de junio de 2014, relativo a la aplicación de los artículos 107 y 108 del Tratado de Funcionamiento de la Unión Europea a las ayudas de minimis en el sector de la pesca y de la acuicultura, así como los Reglamentos que les sucedan; Reglamentos que habrán de observarse en todos sus términos.

151 "Procede mantener el límite máximo de 200 000 EUR como importe de la ayuda de minimis que una única empresa puede recibir por Estado miembro a lo largo de un período de tres años. Este límite máximo sigue siendo necesario para garantizar que ninguna de las medidas a las que se aplica el presente Reglamento pueda considerarse que tiene efectos sobre el comercio entre los Estados miembros o efectos de falseamiento efectivo o potencial de la competencia". El apartado 5 del artículo 3 del Reglamento baja

tener esta comunidad la condición de RUP y tener autorización europea para las ayudas de Estado[152].

Esta era una reivindicación de la sociedad balear y del Gobierno de las Islas Baleares[153], que además ha propuesto una reforma del sistema de financiación autonómica que está en sintonía con el acuerdo PSC-ERC, reclamando más autonomía fiscal para las CCAA y una nivelación horizontal de la progresividad fiscal, pidiendo que el criterio de financiación del sistema sea la capacidad fiscal de las CCAA en un modelo de federalismo fiscal asimétrico en el que haya un trato diferenciado según las distintas características y necesidades de cada comunidad autónoma.

4.2.4. CEUTA Y MELILLA

Las ciudades autónomas de Ceuta y Melilla representan una singularidad dentro del territorio y del ordenamiento jurídico de España. Primero por su localización geográfica, al encontrarse situadas en el norte del continente africano, pero también por su historia y sus especiales circunstancias sociales y políticas, pues la reclamación de su soberanía por parte de Marruecos y la presión migratoria hacen que siempre estén en la primera plana informativa. De hecho, estas ciudades pudieron perder la soberanía española —las Cortes de Cádiz debatieron hasta tres veces la cesión de los entonces considerados presidios menores— y apenas aparecen denominadas como parte del territorio español en nuestros textos constitucionales.

La Constitución de 1812 se refiere en su artículo 10 a "las demás posesiones de África", no hay mención en las constituciones de 1812, 1837, 1845, 1869 y 1876, y hay que esperar a la proclamación de la II República para que la constitución de 1931 sí se refiera en su artículo octavo a "los territorios de soberanía

---

este límite a 100 000 EUR para las empresas que realicen por cuenta ajena operaciones de transporte de mercancías por carretera.

152 Calvo Vérgez, J., "El nuevo régimen especial de Baleares y sus deducciones fiscales tras la aprobación de la Ley 31/2022, de 23 de diciembre, *Revista Quincena Fiscal* núm. 10/ 2024, pág. 13, consultado en www.aranzadidigital.es

153 Conselleria d'Hisenda I Relacions Exteriors, *Propuestas del Govern de les Illes Balears para la reforma tributaria*, 15 de julio de 2021. https://www.ief.es/docs/investigacion/comiteexpertos/CCAA/Baleares.pdf

del norte de África" y se reconozcan los derechos políticos de las ciudades de Ceuta y Melilla. Sin embargo, en este mismo artículo se oponen dos realidades. Por una parte, se refiere en el primer párrafo al "estado español" que, "dentro de los límites irreductibles de su territorio actual, estará integrado por Municipios mancomunados en provincias y por las regiones que se constituyan en régimen de autonomía". Y, en el segundo, a "los territorios de soberanía del norte de África", que "se organizarán en régimen autónomo en relación directa con el Poder central". La Constitución española de 1978 se refiere a las ciudades autónomas en los artículos 68.2, 69.4 (sobre la elección de diputados y senadores) y en la Disposición Transitoria Quinta (sobre el proceso para constituirse en comunidades autónomas), en un reconocimiento jurídico especial, hasta el punto de que Herrero de Miñón las ponía de ejemplo para ilustrar la concepción de fragmento de Estado de Jellinek, en el sentido de la posible desvinculación de los elementos fundamentales del Estado: territorio, poder y población.

Los elementos así desvinculados serían para Jellinek los "fragmentos de Estado". Se trataría de territorios anejos al territorio nacional español, aunque no se dude de que ambas plazas sean de soberanía española, dada su representación en Cortes. Una concepción que estaba entonces incluso asentada en la legislación, pues la anterior Ley de Régimen Local (Decreto de 16 de diciembre de 1950 por el que se aprueba el texto articulado de la Ley de Régimen Local de 17 de julio de 1945) señalaba en su artículo 203 que "el territorio de la nación española se divide en cincuenta provincias, con los límites, denominación y capitales que tienen actualmente", lo que excluía a Ceuta y Melilla.

Como explica Guaita Martorell[154], "Ceuta y Melilla jamás han formado parte de las provincias peninsulares, han sido provincia por sí o, como actualmente (Decreto de 28 de diciembre de 1967), dos provincias". (...) "Ceuta y Melilla formaban expresamente una provincia en un anteproyecto de Código de Gobierno y Administración Local elaborado en 1941. Y, sorprendentemente —pero con razón—, una Resolución de la Dirección General de Enseñanza Primaria de 25 de septiembre de 1969 (Boletín Oficial del Estado de 9 de octubre) habla de la «Provincia del Norte de África». Sin duda se refiere a ella esta frase poco acertada y jurídicamente errónea del artículo 2.\.e) de la ley constitutiva de las Cortes modificada por la LOE: «...los territorios no constituidos en provincias...»".

---

154 Guaita Martorell, A., *La división provincial y sus modificaciones*, DA-1972, núm. 150, pág. 25.

Sin embargo, hay que destacar que, aunque no aparecen en el Decreto de organización provincial de 1833, sí aparecen en la subdivisión en partidos judiciales. Ambas ciudades africanas son incluidas en el partido judicial de Algeciras y, por tanto, siguiendo la lógica del artículo sexto del decreto de Javier de Burgos, deben ser incluidas a todos los efectos dentro de la provincia de Cádiz. La diversidad de denominaciones utilizadas para referirse a Ceuta y Melilla son un claro exponente de esta indefinición: territorios de soberanía, plazas, posesiones, presidios de África, provincias, circunscripciones singulares, territorios no constituidos en provincia, territorios de África sometidos a la legislación peninsular, comunidad autónoma...

Algunos hitos superficiales de su deambular por las circunscripciones provinciales españolas son los siguientes: en el Diccionario de Pascual Madoz ambas ciudades permanecen dentro de la provincia de Cádiz. En el censo 1857 observamos que, mientras Ceuta sigue siendo un municipio gaditano, Melilla ha pasado a la provincia de Granada. En 1887 ambas poblaciones aparecen en el censo netamente diferenciadas y desvinculadas de ninguna provincia, bajo la denominación de posesiones del Norte y costa occidental de África. La orden de 21 de enero de 1932 dice que Ceuta y Melilla dependen a ciertos efectos administrativos de Cádiz y Málaga respectivamente. En el censo de 1950, Melilla figuraba independiente de toda provincia (condición que no pierde en los censos de población desde 1887) y Ceuta como parte integrante de Cádiz. Definitivamente, en el censo de 1960 (y de acuerdo con la ley de 22 de diciembre de 1955) también Ceuta pasa a ser identificada separadamente de Cádiz. Desde ese momento, la condición singular y diferenciada de las dos ciudades africanas es recogida jurídicamente bajo diversas formas específicas, lográndose una administración autónoma de carácter pseudoprovincial"[155].

Las ciudades autónomas no pierden su singularidad dentro de nuestro ordenamiento jurídico en la vigente CE, ya que no tienen la condición de municipios (sin embargo, no parece haber duda de que sí lo eran antes de convertirse en ciudades autónomas, según se desprende de la propia Disposición Transitoria Quinta) ni de provincias ni de comunidades autónomas, entidades en las que se organiza el territorio español según el artículo 137 del texto constitucional y a las que confiere autonomía. El Tribunal Constitucional, en su sentencia 240/2006, de 20 de julio, las califica como "entes municipales dotados de un régimen de

---

155 Burgueño, J., "Modificacions del mapa provincial espanyol des de 1834", *Treballs de la Societat Catalana de Geografia*, 1990, Vol. 24, p. 13-35, págs. 25-26.

autonomía local singular, reforzado respecto del régimen general de los demás municipios, que viene regulado por las previsiones específicas contempladas para ambas ciudades en sus respectivos estatutos de autonomía en cuanto a su estructura organizativa, sistema de competencias, régimen jurídico, mecanismos de cooperación con la Administración del Estado y régimen económico y financiero, especialmente" (FJ 4); teniendo en cuenta además que de los artículos 137 y 140 CE se desprende que el municipio es el ente territorial básico en todo el territorio del Estado.

Este carácter municipal sí está recogido en los Estatutos de Autonomía de Ceuta (Ley Orgánica 1/1995, de 13 de marzo) y Melilla (Ley Orgánica 2/1995, de 13 de marzo), en el artículo 2 de las respectivas disposiciones, que se refieren "al territorio municipal", y en el artículo 4 a los municipios como tales, con referencias al alcalde (actual presidente) y concejales (miembros de la asamblea) en su articulado (15 y 7.2), así como en las Disposiciones Transitorias Primera de ambas normas, que se refieren a la adaptación de los Ayuntamientos al nuevo estatus jurídico, por lo que podemos entender que la condición municipal queda subsumida en el nuevo carácter que les otorga los Estatutos de Autonomía.

Así, se trata de dos corporaciones locales que, sin embargo, tienen el estatus de ciudades autónomas (aunque el proceso de autonomía debería ser completado para convertirse en comunidades autónomas efectivas), participando por tanto de los sistemas de financiación autonómica y local, pero con un régimen jurídico y fiscal específico por el que disfrutan de beneficios fiscales en la mayor parte de los impuestos, tanto estatales cedidos a las Comunidades Autónomas (CCAA), como locales. Además, tienen un impuesto local propio, el Impuesto sobre la Producción, los Servicios y la Importación (IPSI), y no forman parte de la Unión Aduanera, lo que determina su vida económica. Un régimen económico especial, del que, si bien no hace mención la Disposición Transitoria Quinta de la CE, sí está recogido en la Disposición Adicional Quinta de la LOFCA[156] y en la Disposición Adicional Primera[157] de la Ley 22/2009 de financiación de las CCAA y de las Ciudades con Estatuto de Autonomía.

---

156 "La actividad financiera y tributaria de las Ciudades Autónomas de Ceuta y Melilla se regulará teniendo en cuenta su peculiar régimen económico y fiscal."

157 "Las Ciudades con Estatuto de Autonomía de Ceuta y Melilla tienen unas necesidades de financiación por sus competencias autonómicas, en el año base 2007, equivalentes a su Fondo de Suficiencia Global en ese año, que incluye la valoración de los servicios

Melilla, junto con Ceuta[158], ostentan el estatus de puerto franco desde 1863 y no están incluidas dentro del territorio aduanero porque así lo solicitaron cuando España entró en la Unión Europea (UE), lo que recoge el Acta de Adhesión de España a la entonces Comunidad Económica Europea (CEE), como su protocolo número 2, que flexibilizaron la aplicación del Derecho comunitario para permitir que Ceuta y Melilla quedaran excluidas del ámbito de aplicación del IVA y de la Unión Aduanera, con lo que podían seguir manteniendo sus tradicionales especialidades fiscales: su carácter de puerto franco, la práctica ausencia de gravámenes sobre el tráfico empresarial y la inaplicación de los Impuestos Especiales.

Que Ceuta y Melilla no formen parte del territorio aduanero de la UE supone que la entrada de mercancías en estas ciudades norteafricanas no origine la deuda aduanera correspondiente al arancel común. Además, dicha exclusión impide la aplicación de las normas de armonización de las Accisas, pues las mismas únicamente tienen por objeto los movimientos de productos sujetos a Impuestos Especiales dentro de la Unión Aduanera. Los actos en materia de política comercial común referentes a la exportación o importación no tendrán aplicación en Ceuta y Melilla; así, las limitaciones a la importación o los incentivos a la expor-

---

transferidos hasta 1 de enero de 2009 y la subvención de los órganos de autogobierno, con los siguientes importes por Ciudad:
Ceuta: 16.060,28 miles de euros.
Melilla: 14.184,34 miles de euros.
La participación de las Ciudades con Estatuto de Autonomía de Ceuta y Melilla en los recursos adicionales que se integran en el sistema, será de 9.150 y 6.550 miles de euros, respectivamente, que se adicionarán al Fondo de Suficiencia Global que proporcionaría el statu quo 2009 definido en el artículo 5 de esta Ley.
El Fondo de Suficiencia Global de cada año evolucionará para estas Ciudades de igual forma que la establecida para las Comunidades Autónomas, esto es, por el índice de evolución que experimente el ITE, según la definición regulada en el artículo 20 de esta Ley.
Las Ciudades con Estatuto de Autonomía de Ceuta y Melilla participarán en el Fondo de Cooperación del año 2009 por un importe de 5,85 y 5,25 millones de euros, respectivamente. Esta participación, que se presupuesta de manera separada al Fondo de Cooperación, se liquidará y actualizará con los mismos criterios contenidos en el artículo 24 de esta Ley."

158 En el año 1995, sobre la base de lo dispuesto en la Disposición Transitoria Quinta de la Constitución española, Ceuta y Melilla, en virtud de sus correspondientes Estatutos de Autonomía, se convirtieron en Ciudades Autónomas.

tación establecidos por la UE no rigen en las ciudades autónomas. Los productos procedentes de Ceuta y Melilla son considerados como provenientes de terceros estados, lo que determina que su entrada en territorio aduanero común quede sujeta a las restricciones establecidas por la UE y origine la deuda aduanera del arancel comunitario, salvo que se trate de productos que tengan la consideración de originarios de Ceuta y Melilla, que están exentos; por el contrario, la entrada en Ceuta y Melilla de mercancía procedente de la UE no puede ser gravada por derechos de aduana o exacciones de tipo equivalente. La entrada de mercancía a las ciudades autónomas únicamente está gravada por el Impuesto sobre la Producción, los Servicios y la Importación (IPSI)[159], impuesto local de tipo más bajo que el IVA[160].

El impuesto se regula por Ley núm. 8/1991, de 25 de marzo, que aprueba el arbitrio sobre la producción y la importación de Ceuta y Melilla (LIPSI), y en las Ordenanzas fiscales de Ceuta y Melilla, con tipos que oscilan entre el 0,5 y el 10%; además de aplicarse gravámenes complementarios, sobre el alcohol y el tabaco. El IPSI no grava ni las entregas de bienes realizadas en Melilla (a no ser que se trate de la producción de bienes) ni las exportaciones, lo que tiene mucha transcendencia en el comercio atípico, pues no se trata de compraventas gravadas por impuestos indirectos. Pero habría que reformar la ley del IPSI para que sean también deducibles las cuotas soportadas o satisfechas en relación con las entregas de bienes inmuebles, las prestaciones de servicios y el consumo de energía eléctrica, como ocurre en las adquisiciones o importaciones de bienes. Es un defecto de técnica jurídica que debe corregirse en el artículo 20 de la LIPSI y en las ordenanzas fiscales correspondientes.

---

159 Ley 8/1991, de 25 de marzo, por la que se aprueba el arbitrio sobre la producción y la importación en las Ciudades de Ceuta y Melilla (BOE-A-1991-7645). Decreto N.º 63 de fecha 10 de febrero de 2019, relativo a la aprobación definitiva de la Ordenanza Fiscal reguladora del Impuestos sobre la Producción, los Servicios y la Importación (Operaciones Interiores) en la Ciudad Autónoma de Melilla (BOME núm. 5625).

160 Morón Pérez C., "El régimen fiscal de las Ciudades Autónomas de Ceuta y Melilla: Presente y futuro", *Crónica Tributaria*, Instituto de Estudios Fiscales, Madrid. 2016, págs. 76 y ss.; y "El Impuesto sobre la Producción, los Servicios y la Importación (I): Gravamen de las operaciones interiores localizadas en Ceuta", en Gómez Cabrera, C. (dir.): *El régimen fiscal de la Ciudad Autónoma de Ceuta (estudio de un privilegiado, pero desconocido régimen impositivo)*, Interservicios, Ceuta, 2005, págs. 141-145.

Por sus especiales características, estas ciudades participan tanto en la financiación local (TRLRHL) y en la financiación autonómica (LOFCA y Ley 22/2009). Por otra parte, en estas ciudades existen deducciones y bonificaciones en todos los impuestos cedidos por el Estado a las CCAA (50% con carácter general, una deducción del 60% en la cuota del IRPF y del 50% en IS para las empresas radicadas en Melilla y Ceuta, que llega al 75% en el IP), siendo además aplicable una bonificación obligatoria del 50% en todos los impuestos locales (artículo 159.2 TRLRHL), y disponiendo de un margen muy amplio de libertad para establecer bonificaciones en los tributos locales mediante la correspondiente ordenanza fiscal. También se establece una bonificación del 50% en las cuotas de la Seguridad Social.

En cuanto a los criterios de los fondos de financiación, además de la población, que ha de ser el criterio fundamental, debería tenerse en cuenta la circunstancia de la extrapeninsularidad de Ceuta y Melilla, donde la situación económica y social se ve influenciada además por la incidencia que supone el hecho fronterizo puesto de relieve y la presión migratoria en la prestación de servicios públicos como protección social, seguridad, atención a menores, enseñanza o sanidad estatal[161]; unos costes añadidos que deben pactarse en las partidas correspondientes y las acciones comunes con el Estado. Estas actuaciones conjuntas suelen plantearse en convenios específicos, pero también deberían reflejarse en la Ley 22/2009 de financiación de las CCAA.

Aunque en el caso de Ceuta y Melilla, como el de Canarias, no se trate de fórmula de descentralización, sino más bien de compensación por la situación geográfica extrapeninsular, es innegable su excepcionalidad dentro del ordenamiento español, al amparo de la normativa europea (artículos 349 y 355 del Tratado de Funcionamiento de la UE), por lo que las Ciudades Autónomas son otro ejemplo más de que el tratamiento de hechos diferenciales ya está contemplado en la CE y en el ordenamiento de la UE.

Melilla y Ceuta deben culminar el proceso autonómico y convertirse en Comunidades Autónomas, y que sus competencias y recursos estén reconocidos en la CE[162]. También deberían formar parte de la Unión Aduanera (po-

161 VV.AA., *Informe de la Comisión de Expertos para la revisión del Modelo de Financiación Autonómica*... cit., págs. 88 y 89.

162 Este tema lo hemos desarrollado en *El régimen fiscal de las ciudades autónomas de Ceuta y Melilla*, Pérez Zúñiga, J. M.ª (coord.), Morón Pérez, C., y Sellam Mohamed, A., Tirant

sibilidad prevista en el art. 25.4 del Acta de Adhesión de España a las Comunidades Europeas), con un régimen fiscal propio asimilable al de las Islas Canarias, y tener la condición de regiones ultraperiféricas, pues pienso que las ciudades autónomas reúnen las características de las RUP: insularidad, gran lejanía, reducida superficie, relieve y clima adversos, dependencia económica de un reducido número de productos, circunstancias cuya exigencia no es estricta, pues el art. 349 TFUE tiene el sentido de reconocer los costes económicos que la condición de ultraperiferia genera para los territorios así considerados, por lo que, según este artículo, sería posible adoptar medidas fiscales siempre y cuando las mismas permitan potenciar el desarrollo económico de las regiones. Por otra parte, la integración en la Unión Aduanera es compatible con el mantenimiento del IPSI en las ciudades autónomas. La razón es que la exclusión de Ceuta y Melilla del ámbito de aplicación del IVA no deriva del art. 25 del Acta de Adhesión, sino de la modificación (derivada del art. 26) de la Directiva que lo regula. Además, los beneficios fiscales de Ceuta y Melilla pueden considerarse amparados por el artículo 107 TFUE.

Creo que la mayoría de los problemas a los que se enfrentan las Ciudades Autónomas de Ceuta y Melilla se resolverían más fácilmente si se convirtiesen en verdaderas Comunidades Autónomas dentro del marco general que establece el artículo 137 de la CE. En primer lugar, para tener la misma capacidad normativa del resto de la CCAA de régimen común y solventar sus problemas de financiación, pero también para afrontar en mejor posición su entrada en la Unión Aduanera y su consideración como región ultraperiférica dentro de la Unión Europea, lo cual es compatible con el mantenimiento del IPSI, como ocurre con el IGIC en Canarias. Además, su conversión en Comunidades Autónomas contribuiría a su estabilidad política e institucional dentro del Estado español y de la propia Unión Europea, a la que las ciudades deben mirar ahora para su desarrollo económico, sin perder por ello su singularidad.

4.2.5. CONSIDERACIONES SOBRE LA ESPAÑA VACÍA

Entre los objetivos de la Unión Europea y de España en el contexto del Horizonte 2030, se encuentran reducir los índices de pobreza, afrontar los problemas derivados del envejecimiento de la población y aquellos que causa el fenómeno

---

lo Blanch, Valencia, 2023.

migratorio, no sólo desde el exterior de las fronteras europeas, sino también en los propios países, que sufren despoblación en muchas zonas del interior, fundamentalmente rurales. Tanto el gobierno español como los gobiernos de las Comunidades Autónomas han tomado medidas fiscales para solventar las necesidades de la denominada España vacía.

La expresión "España vacía", tal como la acuñó en su ensayo Sergio del Molino[163], mejor que "España vaciada"[164], alude a proceso migratorio del campo a la ciudad que se produjo en este país fundamentalmente entre 1950 y 1970 y que aún no se ha agotado en nuestros días. Un proceso que ha vaciado fundamentalmente la España interior, esto es, las dos Castillas, Extremadura, Aragón y la Rioja, pero que también afecta a zonas de Galicia, Asturias, Cantabria, Navarra, Cataluña, Comunidad Valenciana, Murcia y Andalucía, salvo, quizá, el País Vasco[165], es decir, prácticamente a todo el territorio español, que ha sido eminentemente rural hasta bien entrado el siglo XX.

Según los datos publicados por el Ministerio de Política Territorial[166], desde principios del siglo XXI los municipios españoles han perdido el 63% de la población, siendo el 80,2% de los municipios los que han perdido población en la última década, elevándose al 90% en los pueblos con menos de 1.000 habitantes. El 48,4% de los municipios españoles está por debajo de 12,5 habitantes por km^2, ratio que la Unión Europea califica como de riesgo de despoblación, que sitúa en riesgo severo a aquellos municipios que están por debajo de 8 habitan-

163 Del Molino, S.: *La España vacía, Viaje por un país que nunca fue*, Turner, Madrid, 2016.

164 En un segundo ensayo que le da continuidad al primero, *Contra la España vacía*, del Molino explica que la expresión "España vaciada" es una simplificación más propia del pensamiento religioso que del analítico. "Quienes la defienden presuponen que una fuerza política, económica y social expulsó a los campesinos de sus pueblos para obligaros a vivir en la ciudad. (...) Por supuesto que las reformas agrarias y las normativas europeas transformaron el sector primario de tal modo que agudizaron los éxodos rurales a la ciudad, pero unos movimientos tan complejos y dilatados en la historia, que se hunden en el siglo XVIII y tienen raíces en la Edad Media, no se deben a una sola causa ni son ajenos a la decisión de unos campesinos que no siempre se sintieron expulsados, sino que se marcharon con gusto e ilusión". Del Molino, S.: *Contra la España vacía*, Alfaguara, Madrid, 2021, págs., 230-231.

165 Del Molino, S.: *La España vacía... cit.* pág. 37.

166 Gobierno de España, MPT: *Directrices Generales Estrategia Nacional frente al Reto Demográfico Estrategia Nacional Demográfico*, http://www.mptfp.es/ca/portal/reto_demografico/Estrategia_Nacional.html

tes por km^2, siendo en España el 38,1% de estas corporaciones locales. El 90% de la población residente en España se concentra en un 30% del territorio: 42 millones de personas viven en el Área Urbana de Madrid y en el litoral español, ocupando el 10% restante de la población residente en España (unos 5 millones de personas) el interior de la Península[167].

A esta situación hay que sumarle el envejecimiento progresivo de la población, que se traduce en una masculinización en los pueblos de la España vacía (en el 85% de los municipios menores de 1.000 habitantes hay más hombres que mujeres), un índice de natalidad muy bajo (en 2017 no nació ningún niño en el 29,7% de los municipios, la tasa de natalidad bruta es de 8,4 nacimientos por cada 1.000 habitantes, y en el año 2022 se ha batido un nuevo registro negativo, según datos del Instituto Nacional de Estadística (INE[168]), lo cual tiene efectos directos en la despoblación de muchas zonas de un país que, sin embargo, tiene una importante población flotante sobre todo en época estival (el turismo internacional se ha incrementado desde el año 2001 en un 71%) que dificulta la correcta prestación de los servicios públicos en las CCAA de Canarias, Islas Baleares, Cataluña, Andalucía, Comunidad Valenciana o la Comunidad de Madrid.

Según el último Censo de Población de 2011, Andalucía, Cataluña y la Comunidad de Madrid son las comunidades con mayor población vinculada no residente en cuanto a valores absolutos, y si la relacionamos con la totalidad de la población, son Cantabria (33%) Comunidad Valenciana (28.9%) y Castilla y León (27.9%) las comunidades que tienen mayor población no residente en términos relativos. En las fechas de mayor afluencia, la población de los municipios se llega a multiplicar por la cifra de empadronados. Los mayores porcentajes se dan en la Comunidad Valenciana (120,9% población ocasional sobre la población residente), Castilla y León (105,2%) y Aragón (101,4%). Datos que han llevado al Gobierno a elaborar una Estrategia Nacional frente al Reto Demográfico, en colaboración con las CCAA y las Entidades Locales (EELL). Porque la realidad de una España despoblada tiene consecuencias medioambientales, económicas e incluso culturales, como ha señalado Sánchez Galiana, quien destaca la importancia de los principios de justicia tributaria (artículo 31 CE) ante la

167 Sánchez Galiana, J. A, "Presentación" del libro Sánchez Galiana, J. A. (dir.), *Estudios sobre las finanzas públicas ante la España despoblada*, Tirant lo Blanch, Valencia, pág. 11.

168 *La natalidad en España continúa en el primer semestre en niveles mínimos de la serie histórica*, El País, 18/08/2022, https://elpais.com/sociedad/2022-08-17/la-natalidad-en-espana-cae-en-el-primer-semestre-a-los-niveles-mas-bajos-de-la-serie-historica.html

España despoblada[169]. El artículo 138 CE recoge expresamente el principio de solidaridad y el equilibrio económico entre todos los territorios, y el artículo 139 CE dispone que "todos los españoles tienen los mismos derechos y obligaciones en cualquier parte del territorio del Estado"; por lo que las finanzas públicas constituyen uno de los instrumentos esenciales para solucionar los problemas de estos territorios. De hecho, podría crease un régimen especial específico para la España vacía[170], y en ese camino van las medidas tomadas por las CCAA.

En los países de nuestro entorno europeo se han tomado medidas para paliar la despoblación de las zonas rurales, conseguir una adecuada prestación de los servicios públicos e incentivar la actividad económica[171]. En Escocia, para dinamizar la creación de oportunidades locales y potenciar el talento asociado al entorno, la "Highlands and Islands Enterprise" impulsó la creación de empresas de impacto social a través del apoyo continuo a los emprendedores, logrando que este territorio acoja el 22% de las empresas sociales del país, aunque la región represente sólo el 8% de la población de Escocia; y paralelamente, la "University of the Highlands and Islands" consiguió reducir en un 30% el porcentaje de jóvenes que abandonaban la región ajustando su oferta educativa a las oportunidades del territorio. En Alemania, gracias a la iniciativa público-privada, se han desplegado más de 2.000 kilómetros de fibra óptica en el medio rural, creando un "recargo de solidaridad" en el IRPF para las regiones más desfavorecidas. En Islandia, se ha impulsado el turismo de invierno y se ha posicionado Reykjavik como destino cultural durante todo el año, consiguiendo reducir el porcentaje de turistas en los meses de verano. Francia cuenta con incentivos para algunas zonas que tienen pérdida de población, como Irlanda, que ha mantenido incentivos para la renovación rural y la renovación de las ciudades entre la década de 1998 y 2008, y también Inglaterra, que establece ventajas fiscales para las empresas que se establezcan en las "Interprise Zones". Portugal ha desarrollado el Programa Nacional de la Política de Ordenación de Territorio.

---

169 Sánchez Galiana, J. A, "Presentación" del libro Sánchez Galiana, J.A. (dir.), *Estudios sobre las finanzas públicas ante la España despoblada*... cit., pág. 12.

170 Sánchez Galiana, J. A, "Presentación" del libro Sánchez Galiana, J.A. (dir.), *Estudios sobre las finanzas públicas ante la España despoblada*... cit., pág. 13.

171 Gobierno de España, MPT: Directrices Generales Estrategia Nacional frente al Reto Demográfico Estrategia Nacional Demográfico ... *cit*., págs. 26-27.

Algunas CCAA han establecido incentivos fiscales[172] fundamentalmente en dos de los impuestos cedidos por el Estado, el Impuesto sobre la Renta de las Personas Físicas (IRPF) y en el Impuesto sobre Transmisiones Patrimoniales y Actos Jurídicos Documentados (ITPYAJD)[173], en relación con los bienes inmuebles radicados en la España vacía o en municipios con riesgo de despoblación, aunque también se introducen deducciones en la cuota autonómica por nacimiento o adopción de hijos. Es el caso de Andalucía, Aragón (donde hay además una deducción por gastos de transporte escolar), Asturias, Cantabria y Castilla y León, comunidades que establecen también un tipo reducido en el ITPYAJD por la transmisión de bienes inmuebles, a las que se suman por este concepto Castilla la Mancha (que extiende la deducción a la transmisión de la sede social, centros de trabajo o locales de negocio), Extremadura y Galicia.

Con relación a los bienes inmuebles, la deducciones que aplican las CCAA son las siguientes: en Aragón, una deducción del 5% en la compra o rehabilitación de la vivienda habitual; en Asturias otra del 5% con una base máxima de 10.000 euros en la compra o rehabilitación de la residencia habitual en zonas rurales de riesgo de despoblación, región que bonifica además con el 20% y un máximo de 700 euros los pagos de alquileres; caso también de Cantabria, donde la deducción es del 20% y que asciende al 25% en Castilla y León, que establece una deducción del 15% por la compra o rehabilitación de la vivienda, como Castilla la Mancha; porcentajes que son del 10% en el caso de Extremadura y el 8% en La Rioja.

Por otra parte, como iniciativas particulares, cabe destacar la ayuda de 1.000 euros que regula Asturias para los contribuyentes residentes en municipios con riesgo de despoblación que inicien una actividad laboral como autónomos o por cuenta ajena; la de 500 euros de Cantabria por gastos derivados por el traslado de residencia a una zona rural por motivos laborales (Castilla la Mancha también establece deducciones por este concepto); la deducción de la Comunidad Valenciana del 45% en las cantidades invertidas en acciones o participaciones

[172] REAF Asesores Fiscales: *Panorama de la fiscalidad autonómica 2022*, Servicio de Estudios del Consejo General de Economistas de España, Madrid, 2022.

[173] Para un análisis comparativo de las medidas fiscales tomadas por las CCAA, vid. Pérez Lara, J. M., "Análisis y consideraciones sobre las medidas fiscales adoptadas por algunas CCAA de régimen común en relación con los impuestos estatales cedidos, IRPF e ITPyAJD", en Sánchez Galiana, J. A. (dir.), *Estudios sobre las finanzas públicas ante la España despoblada*, Tirant lo Blanch, Valencia, 2023, págs. 267-316.

sociales de cooperativas de zonas despobladas, así como una deducción de 300 por residencia habitual en zona de riesgo de despoblación; o la reducción del 99% que establece Galicia en el Impuesto sobre Sucesiones y Donaciones por las sucesiones y donaciones de fincas rústicas para evitar el abandono de las mismas.

El debate sobre la España vacía y el reto migratorio está estrechamente relacionado con el sistema y los criterios de la financiación autonómica. En este sentido, es una reivindicación de las CCAA de Asturias, Castilla la Mancha, Aragón, Galicia, Cantabria, La Rioja, Castilla y León y Extremadura, que el Gobierno tenga en cuenta "que las regiones más despobladas tienen un coste per cápita por prestación de servicios superior al de otras regiones más pobladas"[174], frente a otras comunidades como Andalucía y Valencia, que defienden el criterio de la población ajustada[175]. Una tensión territorial que se ha llevado a los propios Estatutos de Autonomía, pues las CCAA han recogido en los mismos los criterios que mejor se adecúan a sus intereses[176]. Así, el Estatuto de Andalucía señala la población como el criterio fundamental para distribuir los fondos de financiación entre las CCAA (artículo 157.2 b): (La suficiencia financiera) "atenderá fundamentalmente a la población real efectiva determinada de acuerdo con la normativa estatal y, en su caso, protegida, así como a su evolución"; los Estatutos de Aragón (artículo 107.1) y de Castilla y León (artículo 83.6) recogen el envejecimiento y la dispersión de la población, refiriéndose el primero también a la existencia de equilibrios territoriales internos y el segundo a la extensión territorial; los Estatutos de Autonomía de las Islas Baleares (artículos 120.2 y 130.1) y Canarias (Disposición Transitoria Tercera) recogen la insularidad, y el Estatuto de Cataluña (artículo 206.6) otros criterios como la población inmigrante, la población en situación de exclusión social o la dimensión de los núcleos urbanos.

---

174 *El G-8 de la España despoblada advierte sobre la financiación*, Raúl Piña, El Mundo, 23 de noviembre de 2021. https://www.elmundo.es/espana/2021/11/23/619bdc3dfdddff91a48b45f6.html

175 Las variables que se tienen en cuenta en la fórmula de la población ajustada son: población protegida equivalente (38%); población (30%); población en edad escolar (0-16 años) (20,5%); población mayor de 65 años (8,5%); superficie (1,8%); dispersión de la población (0,6%); e insularidad (0,6%).

176 MEDINA GUERRERO, M.: "Los problemas de la normativa reguladora del vigente sistema de financiación", en *La viabilidad financiera del Estado Autonómico a debate*, Fundación Pública Andaluza Centro de Estudios Andaluces, Consejería de la Presidencia, Junta de Andalucía, Sevilla, 2015, pág. 29.

Lago Montero ha señalado la utilidad de introducir en los distintos fondos de financiación (comunitarios, estatales, regionales y locales) los criterios de despoblación, la dispersión geográfica y la baja renta relativa por el sobrecoste que la prestación de servicios supone en las zonas despobladas[177]. Por su parte, Casas Agudo[178] urge a reforzar el Fondo de Compensación dentro del sistema de financiación autonómico en función del coste de los servicios, que no es igual en las grandes ciudades que en los núcleos de población dispersos; así como a introducir el criterio de población y de despoblación en el Fondo de Participación en los Ingresos del Estado (PIE) de las Haciendas Locales, tal como recomendó la Federación Española de Municipios (FEMP) en su "Informe Población y Despoblación en España 2016", donde ya se advertía de los peligros de la crisis demográfica.

En otros trabajos[179] hemos hablado de la posibilidad de introducir en el sistema tributario español un incentivo fiscal específico (el donativo del emigrante) para la España vacía que tendría su encaje natural en el IRPF, concretamente en las deducciones por donativos del artículo 68 y paralelamente también en la normativa de las CCAA que así lo decidan. El artículo 68.3 a) de la Ley 35/2006, de 28 de noviembre, del Impuesto sobre la Renta de las personas Físicas, se refiere a las deducciones previstas en la Ley 49/2002, de 23 de diciembre, de régimen fiscal de las entidades sin fines lucrativos y de los incentivos fiscales al mecenazgo, que incluye en su artículo 16 b) como entidades beneficiarias del mecenazgo al Estado, a las CCAA y a las EELL, y el artículo 17.1 a) se refiere expresamente a los donativos y donaciones de bienes o derechos. El artículo 18.1 a) de la ley

177 Lago Montero, J. M., "El Derecho Financiero frente a la despoblación en el medio rural", en A.A.V.V.: *Rural Renaissance: Derecho y medio rural*, Fernando Pablo, M. M. y Domínguez Álvarez, J. L. (dirs.) y Tomé Domínguez, P. M. (Coord.), Aranzadi, 2020, págs. 68 y 69.

178 Casas Agudo, D., "Principales iniciativas frente a la despoblación desde el Derecho Financiero y Tributario: especial referencia a la oportunidad de las medidas de discriminación fiscal positiva y su problemática a la luz del Derecho Comunitario", en Sánchez Galiana, J. A. (dir.), *Estudios sobre las finanzas públicas ante la España despoblada*, Tirant lo Blanch, Valencia, 2023, pág. 35.

179 Pérez Zúñiga, J. M.ª, "Tributos de las comunidades autónomas para la España despoblada. Propuesta modelo impuesto japonés para la España despoblada", en Sánchez Galiana, J. A. (dir.), *Estudios sobre las finanzas públicas ante la España despoblada*, Tirant lo Blanch, Valencia, 2023, págs. 317-340. Pérez Zúñiga, J. M.ª, *El donativo del emigrante: una propuesta de financiación para la España vacía*, Quincena Fiscal nº 22, 2022.

señala que la base de la deducción será el importe del donativo, y los artículos 19 y 20 establecen el importe de la deducción, distinguiendo entre personas físicas[180] (recordemos que los donatarios, al tratarse de Administraciones públicas, personas jurídicas, no son sujetos pasivos del Impuesto sobre Sucesiones y Donaciones) y jurídicas[181].

Son porcentajes (entre el 35 y el 80% para las personas físicas, entre el 35 y el 40% para las personas jurídicas) y límites (atendiendo a la base de la deducción)

---

180 Si el donante es una persona física, el artículo 19 dispone: "Los contribuyentes del Impuesto sobre la Renta de las Personas Físicas tendrán derecho a deducir de la cuota íntegra el resultado de aplicar a la base de la deducción correspondiente al conjunto de donativos, donaciones y aportaciones con derecho a deducción, determinada según lo dispuesto en el artículo 18 de esta ley, la siguiente escala:

Base de deducción Importe hasta	Porcentaje de deducción
150 euros.	80
Resto base de deducción.	35

Si en los dos períodos impositivos inmediatos anteriores se hubieran realizado donativos, donaciones o aportaciones con derecho a deducción en favor de una misma entidad por importe igual o superior, en cada uno de ellos, al del ejercicio anterior, el porcentaje de deducción aplicable a la base de la deducción en favor de esa misma entidad que exceda de 150 euros será el 40 por ciento. 2. La base de esta deducción se computará a efectos del límite previsto en el apartado 1 del artículo 69 de la Ley 35/2006, de 28 de noviembre, del Impuesto sobre la Renta de las Personas Físicas y de modificación parcial de las leyes de los Impuestos sobre Sociedades, sobre la Renta de no Residentes y sobre el Patrimonio".

181 Y el artículo 20 se refiere a la deducción aplicable a las personas jurídicas: "1. Los sujetos pasivos del Impuesto sobre Sociedades tendrán derecho a deducir de la cuota íntegra, minorada en las deducciones y bonificaciones previstas en los capítulos II, III y IV del Título VI de la Ley 43/1995, de 27 de diciembre, del Impuesto sobre Sociedades, el 35 por 100 de la base de la deducción determinada según lo dispuesto en el artículo 18. Las cantidades correspondientes al período impositivo no deducidas podrán aplicarse en las liquidaciones de los períodos impositivos que concluyan en los 10 años inmediatos y sucesivos. Si en los dos períodos impositivos inmediatos anteriores se hubieran realizado donativos, donaciones o aportaciones con derecho a deducción en favor de una misma entidad por importe igual o superior, en cada uno de ellos, al del período impositivo anterior, el porcentaje de deducción aplicable a la base de la deducción en favor de esa misma entidad será el 40 por ciento. 2. La base de esta deducción no podrá exceder del 10 por 100 de la base imponible del período impositivo. Las cantidades que excedan de este límite se podrán aplicar en los períodos impositivos que concluyan en los diez años inmediatos y sucesivos".

que podrían aplicarse a nuestro donativo del emigrante, con la salvedad de que en este caso tendría un destino específico, que debería reflejarse en la normativa correspondiente, en una regulación coordinada entre Estado, CCAA y EELL. De hecho, las CCAA ya recogen en su normativa la posibilidad de realizar donaciones a las propias comunidades y a los ayuntamientos: donaciones de finca rústicas a favor del Principado de Asturias[182]; donaciones con finalidad ecológica en Cataluña, Aragón[183], Canarias[184], Comunidad Valenciana[185] y Andalucía[186]; donaciones al patrimonio cultural o para otros fines de carácter cultural, científi-

182 Artículo 8 del Texto Refundido de las disposiciones legales del Principado de Asturias en materia de tributos cedidos por el Estado, aprobado por Decreto Legislativo 2/2014, de 22 de octubre.
En esta comunidad, también es reseñable la deducción para contribuyentes que trasladen su domicilio fiscal al Principado de Asturias por motivos laborales para el desarrollo de trabajos especialmente cualificados, relacionados directa y principalmente con actividades de investigación y desarrollo, científicas o de carácter técnico, recogida en el artículo 14 octies del Texto Refundido de las disposiciones legales del Principado de Asturias en materia de tributos cedidos por el Estado, aprobado por Decreto Legislativo 2/2014, de 22 de octubre.
También, de manera específica, en la Comunidad de Cantabria se contempla una deducción por los gastos ocasionados al trasladar la residencia habitual a una zona de Cantabria en riesgo de despoblamiento por motivos laborales por cuenta ajena o por cuenta propia (artículo 2.11.3 Texto Refundido de la Ley de Medidas Fiscales en materia de tributos cedidos por el Estado, aprobado por Decreto Legislativo 62/2008, de 19 de junio, por la Comunidad Autónoma de Cantabria).

183 Artículo 110-6 Texto Refundido de las disposiciones dictadas por la Comunidad Autónoma de Aragón en materia de tributos cedidos, aprobado por Decreto Legislativo 1/2005, de 26 de septiembre.

184 Artículo 3 Texto Refundido de las disposiciones legales vigentes dictadas por la Comunidad Autónoma de Canarias en materia de tributos cedidos, aprobado por Decreto-legislativo 1/2009, de 21 de abril.

185 Artículos Art. 4.Uno.p) y ss. Ley 13/1997, de 23 de diciembre, por la que se regula el tramo autonómico del Impuesto sobre la Renta de las Personas Físicas y restantes tributos cedidos, de la Comunitat Valenciana.
Esta comunidad también contempla específicamente la deducción por residir habitualmente en un municipio en riesgo de despoblamiento (artículo 4.Uno.aa) Ley 13/1997, de 23 de diciembre, por la que se regula el tramo autonómico del Impuesto sobre la Renta de las Personas Físicas y restantes tributos cedidos, de la Comunitat Valenciana.

186 Artículo 22 Ley 5/2021, de 20 de octubre, de Tributos Cedidos de la Comunidad Autónoma de Andalucía.

co o deportivo no profesional en la Comunidad Valenciana, (también a la lengua valenciana), Cataluña (contempla asimismo el fomento de la lengua catalana)[187], Islas Baleares (y el fomento de la lengua catalana, así como a entidades del tercer sector)[188], Islas Canarias (que también regula donaciones a entidades sin ánimo de lucro)[189], Castilla la Mancha[190], Castilla y León[191], Galicia[192], Murcia[193] o la

---

187 Artículos 14.1 y ss. Ley 21/2005, de 29 de diciembre, de medidas financieras, de la Comunidad Autónoma de Cataluña.

188 Artículos 5 y ss. del Texto Refundido de las Disposiciones Legales de la Comunidad Autónoma de las Illes Balears en Materia de Tributos Cedidos por el Estado, aprobado por Decreto Legislativo 1/2014, de 6 de junio.

189 Artículo 4 y ss, Texto Refundido de las disposiciones legales vigentes dictadas por la Comunidad Autónoma de Canarias en materia de tributos cedidos, aprobado por Decreto-legislativo 1/2009, de 21 de abril.
En esta comunidad es reseñable la deducción por trasladar la residencia habitual a otra isla del Archipiélago para realizar una actividad laboral por cuenta ajena o una actividad económica, y la deducción por desarraigo por la erupción volcánica de la isla de La Palma (artículo 8 y Disposición Adicional Primera Texto Refundido de las disposiciones legales vigentes dictadas por la Comunidad Autónoma de Canarias en materia de tributos cedidos, aprobado por Decreto-legislativo 1/2009, de 21 de abril).

190 Artículo 11 Ley 8/2013, de 21 de noviembre, de la Comunidad Autónoma de Castilla-La Mancha, de Medidas Tributarias. En esta comunidad es reseñable la deducción por residencia en zonas rurales (artículos 12 bis y disposición adicional segunda de la Ley 8/2013, de 21 de noviembre, de la Comunidad Autónoma de Castilla-La Mancha, de Medidas Tributarias), también por adquisición o rehabilitación de la vivienda habitual en zonas rurales (artículo 12 ter y disposición adicional segunda).

191 Artículos 9 c), d) y e) y f) y 10 Texto Refundido de las disposiciones legales de la Comunidad de Castilla y León en materia de tributos propios y cedidos, aprobado por Decreto Legislativo 1/2013, de 12 de septiembre.

192 Artículo 5. Doce Texto Refundido de las disposiciones legales de la Comunidad Autónoma de Galicia en materia de tributos cedidos por el Estado, aprobado por Decreto Legislativo 1/2011, de 28 de julio.
En esta comunidad es destacable la deducción por Para paliar los daños causados por la explosión de material pirotécnico que tuvo lugar en Tui durante el mes de mayo del 2018 (Artículo 5. Diecisiete Texto Refundido de las disposiciones legales de la Comunidad Autónoma de Galicia en materia de tributos cedidos por el Estado, aprobado por Decreto Legislativo 1/2011, de 28 de julio).

193 Artículo. Dos.1 Texto Refundido de las disposiciones legales vigentes en la Región de Murcia en materia de Tributos Cedidos, aprobado por Decreto Legislativo 1/2010, de 5 de noviembre.

Rioja[194], a las que tendríamos que sumar las donaciones para mitigar los efectos de la erupción del volcán de la Palma en las Islas Canarias ya comentadas.

Para ello se podrían tomar como ejemplo la deducción establecida en la Comunidad Autónoma de Andalucía en el artículo 22[195] de la Ley 5/2021, de 20 de octubre, o la establecida por la Comunidad Valenciana en el artículo 4.Uno.p de la Ley 13/1997, de 23 de diciembre, por la que se regula el tramo autonómico del Impuesto sobre la Renta de las Personas Físicas y restantes tributos cedidos[196]. O la deducción

---

194 Artículo 32.15 Ley 10/2017, de 27 de octubre, por la que se consolidan las disposiciones legales de la Comunidad Autónoma de La Rioja en materia de impuestos propios y tributos cedidos.
En esta comunidad es reseñable la deducción por la adquisición, construcción o rehabilitación de vivienda habitual en pequeños municipios de La Rioja (artículo 32.2 Ley 10/2017, de 27 de octubre).

195 "Los contribuyentes podrán aplicar una deducción en la cuota íntegra autonómica del impuesto sobre la renta de las personas físicas del 10% de las cantidades donadas durante el período impositivo a favor de cualquiera de las siguientes instituciones:
a) Las entidades públicas dependientes de la Comunidad Autónoma de Andalucía o de corporaciones locales de Andalucía, cuya finalidad sea la defensa y conservación del medio ambiente, quedando afectos dichos recursos al desarrollo de programas de esta naturaleza.
b) Las entidades sin fines lucrativos y las entidades beneficiarias del mecenazgo, reguladas respectivamente en los artículos 2 y 16 de la Ley 49/2002, de 23 de diciembre, de régimen fiscal de las entidades sin fines lucrativos y de incentivos fiscales al mecenazgo, siempre que su fin exclusivo sea la defensa del medio ambiente y se hallen inscritas en los correspondientes registros de la Comunidad Autónoma de Andalucía.
2. El límite de deducción aplicable será de 150 euros.
3. La efectividad de la donación prevista en este artículo se justificará de conformidad con lo previsto en el artículo 24 de la Ley 49/2002, de 23 de diciembre, y en sus normas de desarrollo".

196 "Cuantía de la deducción:
Los contribuyentes tendrán derecho a deducir de la cuota íntegra autonómica el resultado de aplicar al importe de las donaciones efectuadas durante el período impositivo en favor de las entidades que se indican a continuación, los siguientes porcentajes:

Importe hasta	**Porcentaje de deducción**
Primeros 150 euros	20
Resto del importe de las donaciones	25

Requisitos y otras condiciones para la aplicación de la deducción
Para tener derecho a esta deducción, las donaciones deberán haberse efectuado en favor de cualquiera de las siguientes entidades:

por residencia en zonas rurales, que ya está contemplada en la cuota autonómica del IRPF en Castilla la Mancha[197].

La Generalitat y las Corporaciones Locales de la Comunitat Valenciana.
Las entidades públicas dependientes de cualquiera de las Administraciones territoriales citadas anteriormente, cuyo objeto social sea la defensa y conservación del medio ambiente.
Las entidades sin fines lucrativos a que se refieren los apartados a) y b) del artículo 2 de la Ley 49/2002, de 23 de diciembre, de régimen fiscal de las entidades sin fines lucrativos y de los incentivos fiscales al mecenazgo (BOE del 24), siempre que su fin exclusivo sea la defensa del medio ambiente y se hallen inscritas en los correspondientes Registros de la Comunitat Valenciana.
Los apartados a) y b) del artículo 2 de la Ley 49/2002 se refieren a las fundaciones y a las asociaciones declaradas de utilidad pública
Además, la aplicación de la deducción queda condicionada a que la entrega de los importes dinerarios derivada del acto o negocio jurídico que de derecho a su aplicación se realice mediante tarjeta de crédito o débito, transferencia bancaria, cheque nominativo o ingreso en cuentas en entidades de crédito". Este requisito se establece en la disposición adicional dieciséis de la Ley 13/1997, de 23 de diciembre, por la que se regula el tramo autonómico del Impuesto sobre la Renta de las Personas Físicas y restantes tributos cedidos.

197 Artículo 12 bis y disposición adicional segunda de la Ley 8/2013, de 21 de noviembre, de la Comunidad Autónoma de Castilla-La Mancha, de Medidas Tributarias:
"Por residencia habitual en zonas rurales
Cuantía de la deducción.
Debe diferenciarse entre:
A) Residencia habitual en un municipio incluido en una zona de intensa despoblación:
El 20 por 100 de la cuota íntegra autonómica, si el municipio tiene una población inferior a 2.000 habitantes
El 15 por 100 de la cuota íntegra autonómica, si el municipio tiene una población igual o superior a 2.000 e inferior a 5.000 habitantes
B) Residencia habitual en un municipio incluido en una zona de extrema despoblación:
El 25 por 100 de la cuota íntegra autonómica, si el municipio tiene una población inferior a 2.000 habitantes
El 20 por 100 de la cuota íntegra autonómica, si el municipio tiene una población igual o superior a 2.000 e inferior a 5.000 habitantes
Requisitos para la aplicación de la deducción.
Los contribuyentes han de tener su residencia habitual en alguno de los municipios incluidos en las zonas escasamente pobladas a que se refiere el artículo 12 de la Ley 2/2021, de 7 de mayo, de Medidas Económicas, Sociales y Tributarias frente a la Despoblación y para el Desarrollo del Medio Rural en Castilla-La Mancha.

Es decir, que ya existe un marco jurídico básico para establecer en España un donativo del emigrante con las características expuestas, si bien habría que dar-

---

Conforme al artículo 12 de la Ley 2/2021 se clasificarán como zonas escasamente pobladas, aquellas agrupaciones de municipios o núcleos de población integradas mayoritariamente por municipios de pequeño tamaño, con una densidad conjunta de población de menos de 12,5 habitantes por km2, altas tasas de envejecimiento y pérdidas intensas de población, con un importante aislamiento geográfico con respecto a municipios de más de 30.000 habitantes, un alto porcentaje de suelo de uso forestal, y una elevada significación de la actividad agraria.
En consideración al grado de despoblación, se establecen las siguientes categorías de zonas escasamente pobladas:
Zonas de intensa despoblación: Aquellas agrupaciones de municipios con densidad superior a 8 habitantes por km2.
Zonas de extrema despoblación: Aquellas agrupaciones de municipios con densidad de población menor de 8 habitantes por km2.
Atención: para la aplicación de esta deducción se tomará como población de los municipios la que, conforme a su respectivo padrón municipal, tuvieran a 1 de enero de cada año.
A los efectos indicados en el párrafo anterior no se tomarán en consideración las variaciones de población respecto al padrón municipal de 2021 que supongan una minoración o inaplicación de las deducciones que conforme al mismo resultasen procedentes. En tales casos, dichas deducciones podrán seguir aplicándose en las condiciones y cuantías que resultasen procedentes conforme a la población del expresado padrón municipal.
No obstante, en los casos excepcionales en los que uno de los cónyuges resida en una zona que origine derecho a la deducción y el otro no o en los que los cónyuges residan en municipios incluidos en zonas rurales diferentes, el importe de la deducción en tributación conjunta será la suma de las deducciones que correspondan a cada uno de los contribuyentes integrados en esa declaración.
Relación de Zonas escasamente pobladas.
Véase el Decreto 108/2021, de 19 de octubre, por el que se determinan las zonas rurales de Castilla-La Mancha, conforme a la tipología establecida en el artículo 11 de la Ley 2/2021 de 7 de mayo, de Medidas Económicas, Sociales y Tributarias frente a la Despoblación y para el Desarrollo del Medio Rural en Castilla-La Mancha (BOCL 25-10-2021).
Que el contribuyente cumpla el requisito de "estancia efectiva" a que se refiere el artículo 5 de la Ley 2/2021, de 7 de mayo, de Medidas Económicas, Sociales y Tributarias frente a la Despoblación y para el Desarrollo del Medio Rural en Castilla-La Mancha.
De acuerdo con el artículo 5 de la Ley 2/2021 se considera como "estancia efectiva en un municipio de Castilla-La Mancha, aquella que pueda acreditarse con la certificación de los respectivos padrones municipales y que coincida con los siguientes indicadores de permanencia en el municipio:

le un desarrollo normativo en las distintas escalas territoriales, para lo que sería necesaria la coordinación estatal, que podría producirse dentro una comisión sectorial creada al efecto. En nuestro caso, las deducciones, con la misma estructura, serían destinadas a desarrollar políticas de desarrollo en la España vacía en primer lugar por el Estado, y en segundo lugar por la comunidad autónoma correspondiente, según competencias.

Son cuestiones para tener en cuenta para la próxima revisión del sistema de financiación autonómica, en la que creemos que es necesario incluir criterios de armonización fiscal[198] para hacer efectiva la solidaridad entre las CCAA españolas. Entre las deducciones a incluir en un modelo común de financiación estaría este donativo del emigrante, al que se le podría dar el desarrollo que se estime oportuno atendiendo a las circunstancias socioeconómicas específicas de cada región y a las singularidades jurídicas ya recogidas en la Constitución. Por otra

---

- Certificación de tarjeta sanitaria, adscrita al centro de salud asignado en la zona básica de salud de pertenencia del municipio donde se encuentra empadronada.
- Certificación, en su caso, de que las personas menores de edad, en edad de escolarización obligatoria, cuentan con una matrícula en alguno de los centros educativos de la localidad de referencia, para el municipio donde se encuentren empadronadas.

Pérdida del derecho a la deducción practicada.

El incumplimiento de cualquiera de los requisitos indicados conlleva la pérdida del beneficio fiscal, y el contribuyente deberá integrar las cantidades deducidas en la cuota íntegra autonómica del ejercicio en que se produzca el incumplimiento, más los intereses de demora devengados".

198 Se trataría de la introducción de un principio de uniformidad con el establecimiento de un techo o criterios de armonización para fijar los tipos de gravamen y mayor o menor libertad para establecer reducciones en la base imponible, deducciones o coeficientes aplicables en la cuota dependiendo de las figuras tributarias, con una referencia en un párrafo añadido al apartado 3 o un nuevo apartado 4 del artículo 157 de la CE para que CCAA y el Estado adopten medidas para que en las distintas CCAA se preste un nivel razonablemente homogéneo de servicios públicos financiados con un nivel uniforme (o al menos armonizado dentro de los márgenes descritos) de impuestos. Este principio se aplicaría en todas las figuras tributarias cedidas, independientemente de su porcentaje de cesión, incluyéndolo en la propia CE y en la legislación estatal, LOFCA y Ley de Financiación de las CCAA, que deberían fijar un mínimo y un máximo de tipos entre los que podrían elegir las CCAA. Complementariamente, debería garantizarse la solidaridad horizontal entre las CCAA con un nuevo precepto en el artículo 158 CE. Vid. Pérez Zúñiga, J. M.ª: "Sobre un Estado materialmente federal", *Quincena Fiscal*, nº 8, 2021, págs. 79-112; y "Financiación autonómica y reforma constitucional", *Crónica Tributaria*, núm.169/2018, págs. 99-138.

parte, una inmigración ordenada y en la que participen todas las administraciones territoriales sería una oportunidad para repoblar la España vacía.

5. LA ESPAÑA PLURINACIONAL EN LA UNIÓN EUROPEA

La Unión Europea ha partido siempre en sus planteamientos políticos, económicos, técnicos y jurídicos, de la pluralidad del cuerpo social sobre el que actúa. Los Estados miembros son diferentes en niveles de renta, en desarrollo económico, en sistemas de Gobierno (repúblicas, monarquías), en modelo de organización del Estado (federales, regionales, centralizados), en sus raíces y tradiciones culturales, en substratos históricos, para convertirse en un espacio liberalizado, integrado, económicamente homogéneo e institucionalizado. Estas características serían las definitorias de la supranacionalidad o integración, las que expresan la originalidad y singularidad de la Comunidad, frente a otros modelos como las zonas de libre cambio o las uniones aduaneras. Si se analiza el sistema comunitario, se perciben numerosas manifestaciones de atención hacia circunstancias o elementos diferenciales entre los Estados miembros, a los que los Tratados comunitarios han anudado tratamientos jurídicos ad hoc, excepciones o atemperaciones de las normas generales. Los hechos diferenciales asumidos por las normas comunitarias son de muy diversa índole. Si atendemos a la diversidad de entidades político-territoriales, podríamos hablar de cuatro tipos de Estados dentro de la UE y distintas organizaciones territoriales[199]:

— Estados unitarios: aquellos en que las organizaciones político-territoriales tienen entidad propia sólo a escala local; el nivel regional ha sido creado y puede ser suprimido por ley y tiene funciones, pero no propiamente autonomía administrativa. Expresan, por tanto, un cierto grado de descentralización o desconcentración. Suelen citarse como ejemplos Grecia (13 regiones), Luxemburgo (3 distritos) y Portugal (18 distritos y 2 regiones autónomas, Azores y Madeira).

— Estados descentralizados: aquellos en los que existen organizaciones territoriales, con soporte constitucional, y cierto grado de autonomía administrativa y financiera; el escalón local y el regional están diferenciados y poseen ciertas funciones. Sería el caso de Francia a nivel administrativo (22 regiones más las

---

199 Corriente Córdoba, J. A., "El hecho diferencial regional y su tratamiento en el Derecho Comunitario Europeo", Anuario de Derecho Internacional, nº XVI, 2000, págs. 349 y ss.

RUP y los Territorios de Ultramar), que no político, pues tradicionalmente se ha considerado un Estado unitario.

— Estados regionalizados: en los que las organizaciones territoriales, con base constitucional, poseen determinados niveles de autonomía legislativa, administrativa y financiera, que les diferencian del Estado y de los niveles locales de gobierno. Casos de España (17 autonomías más 2 ciudades autónomas) e Italia (20 regiones y 2 provincias autónomas, las de Bolzano y Trento).

— Estados federados: regidos por los principios de autonomía de los entes federados (que tienen condición jurídica de Estados y competencia legislativa originarias), compatibles con la atribución de ciertas competencias exclusivas a la federación (relaciones, exteriores, defensa, política monetaria). Es el caso de Alemania (16 *Länder*) y Bélgica (3 comunidades y 3 regiones).

Aunque los Estados miembros de la UE son libres de elegir su organización política, la integración europea ha ido acompañada de una tendencia a la descentralización. En la década de 1960, la mayoría de los países europeos seguían estando muy centralizados: Francia, la España franquista, Italia o el Reino Unido. Una tendencia que cambió al final de la misma década: Italia realizó una reforma regional en 1968 y Bélgica en 1970, Francia propició reformas hacia la desconcentración en 1972 y hacia la descentralización en 1982, y España aprobó una constitución democrática de tendencia federal en 1978. Y antes del Brexit, Reino Unido inició un proceso de descentralización de Escocia, Gales e Irlanda del Norte concretado en las *Devolution Acts*.

Consagrado por el por el Tratado de Maastrich (artículo 5, apartado 3, del Tratado de la Unión Europea y Protocolo n.º 2 sobre la aplicación de los principios de subsidiariedad y proporcionalidad), el principio de subsidiariedad favorece la toma de decisiones a nivel local si resulta más eficaz que a niveles superiores de gobierno[200]. El Tratado de Lisboa profundiza en la cuestión regional en el sistema político comunitario, y el artículo 3.3 del TFUE reconoce la cohesión territorial como una finalidad de la UE, así como el respeto de la diversidad territorial y lingüística. La autonomía re-

---

200 Molina del Pozo, C., "El impulso de las regiones en la Unión Europea como elemento federalizante", en Molina del Pozo, C.F. (dir.), Saldaña Ortega, V. (coord.), *Hacia la construcción de un verdadero proyecto federal para la Unión Europea*, Universidad de Alcalá, Colex, A Coruña, 2022., págs. 461-464.

gional se recoge en el artículo 4.2 TFUE, que al mismo tiempo reconoce el respeto a la integridad territorial del Estado.

Como hemos comentado en otros trabajos[201], tradicionalmente, atendiendo al nivel de descentralización territorial, se ha distinguido entre estados centralizados, regionales y federales. Los primeros están gobernados por un solo poder central que concentra la totalidad o la mayor parte de los poderes del Estado y los ejerce uniformemente en todo el territorio nacional, aunque la unidad no impide cierto nivel de desconcentración (caso de las prefecturas en Francia) o descentralización (siguiendo con Francia, los representantes de los municipios, los departamentos y la regiones son elegidos localmente, pero gestionan y administran los servicios públicos bajo tutela del Estado, no teniendo otras competencias que las que éste les atribuye, y no tienen poder legislativo).

El Estado federal, a diferencia del unitario, está formado por varias entidades, genéricamente denominadas Estados federados (caso de los Estados norteamericanos o los *Länder* alemanes), que están unidos por la constitución federal, pero que también tienen su propia constitución, y poderes ejecutivo, legislativo y judicial autónomos. Entre estos dos modelos nos encontraríamos con el Estado regional, donde existe una gran descentralización y las regiones tienen autonomía política, con competencias (sanidad, educación, servicios sociales) que van más allá de la autonomía administrativa de las administraciones locales. Aquí se suele situar a Italia, que reconoce la autonomía de cinco de sus regiones, y a España[202], aunque como hemos explicado ya, entiendo que nuestro país ha dado un paso más allá, pues funciona como un Estado federal.

El Estado federal sería el que reuniese los siguientes requisitos[203]:

---

201 Fundamentalmente, Pérez Zúñiga, José Mª., *Estado autonómico y federal*, Aranzadi, Pamplona, 2021.

202 Molina del Pozo, C., "El impulso de las regiones en la Unión Europea como elemento federalizante", en Molina del Pozo, C.F. (dir.), Saldaña Ortega, V. (coord.), *Hacia la construcción de un verdadero proyecto federal para la Unión Europea*, Universidad de Alcalá, Colex, A Coruña, 2022, pág. 460.

203 Gordillo Pérez, L. I., "Derecho comparado y Derecho Constitucional comparado", en *Sistemas constitucionales europeos comparados*, Gordillo Pérez, L. I. (dir.), Athenaica, Sevilla, 2020, págs. 36-37, siguiendo a González Encinar, J. J., *El Estado unitario-federal: la autonomía como principio estructural del Estado*, Tecnos Madrid, 1985.

- Ha de tratarse de un Estado integrado por entes de base territorial con competencias no sólo administrativas, sino también legislativas y de dirección política.
- El Estado ha de establecer una distribución de posibilidades y medios financieros que responderá al reparto de funciones estatales.
- Es necesario que se arbitre una participación de los entes con autonomía política en la organización central a través de una segunda Cámara, y en la ejecución de las leyes de dicha organización.
- Debe existir una garantía de que esas características no pueden ser alteradas por ley ordinaria.
- Este tipo de organización ha de tener un organismo (denominado normalmente Tribunal Constitucional) que resuelva los conflictos competenciales derivados de este sistema de reparto de funciones estatales.

Si acudimos al Derecho comparado, para analizar el nivel de descentralización de un país, más allá de las denominaciones a las que hemos hecho referencia en este trabajo (Estado autonómico, federal o plurinacional), debemos hacernos dos preguntas fundamentales: una, qué nivel de gobierno tiene capacidad normativa en materia tributaria; y dos, qué administración ostenta la responsabilidad sobre la gestión tributaria[204].

Desde este punto de vista, y centrándonos en países considerados tradicionalmente federales, podemos distinguir tres modelos fundamentales: un modelo de *autonomía fiscal*, donde existe una amplia libertad de potestad normativa y de gestión en materia tributaria (EE.UU.[205] y Canadá[206]), y donde la hacienda

---

204 Lago Peñas, S., y Vaquero García, A., *Descentralización y sistema tributario: lecciones de la experiencia comparada*, Fundación Impuestos y Competitividad, Madrid, 2016, págs. 19 y ss.

205 De los países netamente federales citados, EE. UU. (en la organización territorial de EE. UU. podemos distinguir entre la administración federal, 50 estados y 87.453 entidades locales) representaría el caso extremo de descentralización del poder tributario, pues su sistema tributario se basa en la existencia de múltiples niveles de administración tributaria, de modo que cada escalón de gobierno, en función de su capacidad normativa, define, ingresa y gestiona sus propios impuestos. En EE. UU. no existe un impuesto general sobre el consumo a escala nacional. La mayor parte de los estados aplican un IRPF y un IS y, en menor medida, un impuesto sobre las ventas al por menor. El gobierno federal

comparte bases imponibles con el resto de las administraciones y cuenta con el impuesto sobre las nóminas para financiar la seguridad social. Las disparidades en las capacidades tributarias en EE. UU. son importantes y no existen transferencias de nivelación para corregir estas disparidades, siendo la competencia fiscal entre los estados un factor significativo de distorsión del sistema. Si nos fijamos en los ingresos tributarios, la administración federal ostenta la mayor recaudación en los impuestos sobre la renta y sociedades y ganancias del capital (80,5%); la administración estatal/regional sobre los impuestos sobre bienes y servicios (64,9%); y la local en los impuestos sobre la propiedad (93,3%). Al gobierno federal le corresponden el 100% de los ingresos de la Seguridad Social por contribuciones sociales. Dentro de este apartado se incluye aquellos pagos obligatorios realizados por los empleados, empleadores y trabajadores por cuenta propia, que posibilitan la obtención de un derecho futuro a percibir una prestación social (OCDE). Lago Peñas, S., y Vaquero García, A., *Descentralización y sistema tributario: lecciones de la experiencia comparada* cit., págs. 22 a 24.

206 Canadá, por su parte, es un estado federal asimétrico y cooperativo, organizado en tres niveles: federal; las 10 provincias, con un tratamiento especial en materia fiscal para Quebec y los territorios del Noroeste, Yukón y Nunavut; y 4.700 municipios. Tanto las provincias como el nivel federal cuentan con administración tributaria y con impuestos propios, lo que supone un alto nivel de autonomía tributaria. La Constitución de Canadá posibilita la libre concurrencia en las materias imponibles de los diferentes niveles de gobierno, lo que se produce especialmente en la imposición sobre la renta y la propiedad. Para gestionar esta realidad se establecen acuerdos fiscales (*Tax Collection Agreements*) entre la federación y las provincias sobre una serie de figuras impositivas, siendo de vigencia quincenal en el caso del IRPF provincial (no se aplica en Quebec, que tiene un impuesto propio) y el IS (no se aplica en Quebec, Alberta y Ontario, que cuentan con su propio impuesto). Estos acuerdos se basan en la denominada "fórmula base", que obliga a utilizar la misma base imponible que el impuesto federal y permite que las provincias decidan sobre los tramos de la tarifa, tipos, deducciones y recargos sobre la cuota provincial y/o la fórmula base. Para el gobierno federal las principales fuentes de recaudación son el IRPF y el IS, las aportaciones a la Seguridad Social (que no son tributos, sino exacciones parafiscales) y el impuesto general sobre las ventas. El gobierno provincial también grava la mayoría de estos hechos imponibles, además de contar con el impuesto sobre la explotación de los recursos minerales y energéticos, el impuesto sobre la propiedad, impuesto sobre las nóminas e impuestos especiales sobre la producción y ciertos consumos específicos como el alcohol, tabaco e hidrocarburos. Las capacidades de la administración local varían según la constitución provincial, lo que provoca que exista mucha heterogeneidad impositiva, aunque la mayor parte tiene como objeto la propiedad inmobiliaria y determinadas operaciones de consumo. En cuanto a la imposición indirecta, Canadá ha probado diversas fórmulas. Además del IVA a nivel federal, en la provincia de Alberta no hay impuestos generales sobre las ventas, pero en otras provincias se exigen impuestos minoristas. En Quebec existe un IVA propio que se

central o federal y las subcentrales suelen compartir objetos imponibles, no existiendo, en principio, bases imponibles armonizadas; un modelo de *rendimientos compartidos* (Alemania y Australia[207]), donde existe una baja autonomía fiscal

---

gestiona directamente, y otras provincias comparten el IVA con la federación, con la posibilidad de determinar el IVA a aplicar. Además, la capacidad fiscal varía notablemente entre las diferentes provincias, lo que motiva la existencia de importantes transferencias de nivelación. Si nos fijamos en los niveles de recaudación, las provincias canadienses recaudan el 40% de todos los ingresos tributarios, una cifra similar a la obtenida por la administración federal (41,2%). Por tipos de impuestos, la administración central es responsable del 61,8% de los impuestos sobre la renta, sociedades y ganancias de capital, el 23,1% de los ingresos procedentes de las contribuciones a la Seguridad Social y el 34,5% de los impuestos sobre bienes y servicios. Las provincias concentran sus ingresos en los impuestos sobre la nómina y la fuerza del trabajo (100%), los impuestos sobre bienes y servicios (64,7%) y los impuestos sobre la renta, sociedades y ganancias de capital (38,2%). La administración local obtiene el 86,9% de los impuestos sobre la propiedad (Lago Peñas, S., y Vaquero García, A., *Descentralización y sistema tributario: lecciones de la experiencia comparada*... cit., págs. 25 a 28). Hay que destacar que la progresiva asunción de competencias tributarias por las provincias ha suplido una reforma constitucional, una asunción de competencias fruto de la negociación política entre estas y el Gobierno Federal para compartir casi la totalidad de las figuras tributarias, y que se ejerce de manera coordinada entre los distintos entes territoriales, armonizando además las figuras tributarias (Cordero González, E. Mª., "La distribución del poder tributario en la Federación Canadiense: perspectivas para España", *Revista española de Derecho Financiero* núm. 139/2008 parte Estudios Editorial Civitas, SA, Pamplona, 2008, págs. 4 y 5, consultado en www.aranzadidigital.es). Esto es algo que podría producirse también en España, pero podríamos preguntarnos si es posible dar un paso más para articular dentro del marco constitucional otra relación con las tradicionales nacionalidades históricas, como ocurre en este país con los territorios de Quebec, Alberta, Ontario y los territorios del Noroeste, Yukón y Nunavut.

207 Australia cuenta con seis estados, dos territorios y 1.217 administraciones locales, en un sistema en el que existe poca autonomía tributaria, con un modelo de impuestos compartidos y transferencias, correspondiendo al Gobierno Federal las principales figuras tributarias: IRPF, IS, impuestos al comercio exterior y sobre las ventas; correspondiéndole el 81,3% de la recaudación tributaria, con un 15,3% para los estados y un 3,4% para las entidades locales. Por figuras tributarias, la administración federal recauda la totalidad del IRPF y el IS, y el 82,2% de los impuestos sobre bienes y servicios; los estados perciben el 97% de los impuestos sobre nóminas y la fuerza del trabajo; y, en cuanto a los impuestos sobre la propiedad, el 61% corresponde a la administración federal y el 39% a la local, por lo que, a pesar de ser un país federal, podemos decir que es centralizado en materia tributaria (Lago Peñas, S., y Vaquero García, A., *Descentralización y sistema tributario: lecciones de la experiencia comparada*... cit., pág. 33.).

de los gobiernos subnacionales o subfederales y baja responsabilidad tributaria, pero donde se mejora la gestión y tienen mucha importancia las transferencias; y, en tercer lugar, *un modelo de recargos*, que es propio de Dinamarca, Noruega y Suecia, que priman el nivel local de gobierno, y que también utiliza Suiza[208] a escala municipal, caracterizado por el establecimiento de recargos en los impuestos de la hacienda federal (el Impuesto sobre la Renta, fundamentalmente) y con una administración fuertemente centralizada, lo que proporciona un sistema impositivo más homogéneo a nivel nacional.

Otros países considerados federales en otras latitudes, como México[209], Brasil[210] y Argentina[211], tienen un nivel de descentralización más bajo con relación

---

208 Suiza es una de las federaciones más descentralizadas en materia tributaria. Compuesta por 26 Cantones y 2.991 administraciones locales, la soberanía fiscal pertenece a los Cantones y, de forma subsidiaria, a la Federación; estableciendo las entidades locales recargos sobre los impuestos cantonales. A la Federación corresponden los derechos de aduanas, el IVA y los impuestos especiales. El IRPF, el Impuesto sobre el Patrimonio y el Impuesto sobre el beneficio y capital de las sociedades son compartidos por el la Federación y los Cantones, que gravan además los hechos imponibles relacionados con la renta y la riqueza, quedando para la Federación los que gravan consumos específicos y transmisiones patrimoniales. El 60% de la recaudación de las principales figuras impositivas corresponde a la Federación, el 25% para los Cantones y el 15% para la administración local. Por figuras impositivas, el 42,5% de los ingresos del IRPF y el IS corresponde a los Cantones, frente al 29,1% del Gobierno Federal y el 28,4% de la administración local. Sin embargo, la administración federal ingresa el 90,5% de los impuestos sobre bienes y servicios. En cuanto a los impuestos sobre la propiedad, los cantones recaudan el 49,2%, el 31,6% las administraciones locales y el 19,2% la administración central (Lago Peñas, S., y Vaquero García, A., *Descentralización y sistema tributario: lecciones de la experiencia comparada*... cit., pág. 32.)

209 México constituye un caso singular en lo que se refiera a la evolución de la descentralización fiscal en América Latina, pues al contrario que en otros países, donde la tendencia es potenciar los procesos de creación de entes autónomos regionales y locales con sus propias competencias en materia tributaria o, al menos, con recursos cedidos por el Gobierno central, en México ha ocurrido lo contrario, ya que, después de sucesiva reformas, el Gobierno Federal ha asumido la gestión de tributos que eran propios de los Estados de la Federación, limitándose su poder normativo en materia tributaria en la propia Constitución de México. Si en la década de los ochenta del siglo XX, los Estados administraban el Impuesto al Valor Agregado, el Impuesto sobre la Renta de las contribuciones menores, las bases especiales de tributación y el Impuesto Federal sobre Tenencia y Uso de Vehículos, actualmente es el Gobierno Federal quien administra los principales impuestos, que son también los que proporcionan mayores ingresos: el Impuesto sobre la Renta, el Impuesto al Valor Agregado, el Impuesto sobre Producción y Servicios y los

a España (sobre todo, México, donde el Gobierno Federal ha asumido la gestión de las principales figuras tributarias) y, por supuesto, volviendo a Europa, podemos decir lo mismo de Italia que, con 20 regiones y dos provincias autónomas, no tiene punto de comparación con la descentralización española, a la que aspira asemejarse con la aprobación en 2024 de la Ley de autonomía diferenciada.

Dentro de los países de la Unión Europea, vamos a analizar la organización territorial y los sistemas tributarios de los países ya citados que tienen regímenes especiales: Francia, Portugal e Italia, antes de centrarnos en dos países netamente

---

Derechos de Importación. Los principales ingresos tributarios de los Estados provienen hoy día del Impuesto a los Ingresos Personales, habiéndoles cedido el Gobierno Federal competencias para gravar el hospedaje, los derechos de bebidas alcohólicas y anuncios, la gestión y recaudación del Régimen de Pequeños de Contribuyentes (un régimen presuntivo, sustitutivo del Impuesto sobre la Renta y el IVA para las personas físicas que realizan actividades empresariales) y los gravámenes por la enajenación de terrenos o construcciones, quedando para los municipios el Impuesto sobre Adquisición de Inmuebles y el Impuesto Predial, aunque el Gobierno Federal puede gravar también los bienes inmuebles. Este tema lo he desarrollado ampliamente en Pérez Zúñiga, J. M.ª, *Sistemas tributarios de España y América Latina,* Tirant Lo Blanch, Valencia, 2016.

210 Brasil es el quinto país del mundo en extensión, lo que ha determinado la organización territorial como un Estado federal con una alta descentralización fiscal. La Constitución de Brasil de 1991 reparte las competencias tributarias entre los tres niveles de gobierno: el Gobierno Federal, los estados y el Distrito Federal y los municipios, otorgando a cada nivel de gobierno la posibilidad de establecer impuestos, tasas (en razón del poder de la policía o por la utilización de servicios públicos) y contribuciones de mejoras (derivadas de las obras públicas); correspondiendo al Distrito Federal tanto los impuestos de competencia estatal como los impuestos municipales. Sin embargo, podemos decir que es el Gobierno Federal quien concentra la mayor parte de la recaudación tributaria (García-Torres Fernández, Mª. J., y Linhares de Araújo, S. M., "Estudo Comparado Sobre A Imposicao Das Actividades Econômicas no Federalismo Fiscal: Guerra Fiscal do Icms no Brasil", en *Estado federal e guerra fiscal no direito comparado*, organizadores Machado Derzi, M. A.; Batista Junior, O. A.; Mendes Moreira, A.; Arraes Editores, Belo Horizonte, 2015, pág. 436).

211 También Argentina es un claro ejemplo de Estado Federal con una alta descentralización fiscal y tres niveles de gobierno con poder normativo en materia tributaria: Nacional, las provincias y la ciudad autónoma de Buenos Aires y el municipal. Además, las provincias han otorgado potestad tributaria a sus municipios, permitiéndoles aplicar tasas y contribuciones por los servicios que prestan dentro de su territorio sobre seguridad e higiene, publicidad, propaganda, inspección y control, habiéndoles cedido también en algunos casos el Impuesto sobre la Propiedad.

federales, Bélgica y Alemania, aunque con una evolución muy distinta, como veremos a continuación.

5.1. FRANCIA

Si nos fijamos en países que, dentro de la UE, contemplan regímenes especiales, como decíamos en el primer capítulo, deberíamos empezar por Francia que, aunque ha realizado importantes reformas hacia la descentralización en los últimos años (el principio de descentralización en la organización territorial se recogió en el año 2003 en el artículo 1 de la constitución francesa, CRF, en adelante) no es un país federal, lo que no impide que tenga una administración territorial compleja. El territorio nacional se organiza en subdivisiones administrativas jerarquizadas (comunas, departamentos y regiones) en un equilibrio entre los entes locales, administrados por consejos elegidos y dotados de autonomía de gestión y los servicios estatales descentralizados, encargados de garantizar la unidad de la República y el principio de igualdad ante la ley. Además, tenemos que sumar a las comunidades de régimen especial, las colectividades de ultramar y Nueva Caledonia. Desde enero de 2016 son dieciocho las regiones administrativas, trece en la Francia metropolitana[212] y cinco en ultramar[213], que tienen, como ya comentamos, la condición de RUP dentro de la UE y competencias para aplicar leyes y reglamentos en su territorio, con un estatuto propio aprobado por medio de una ley orgánica. Todas conforman las colectividades territoriales de la República, a las que el artículo 72 CRF[214] les otorga libertad de administración

212 Gran Este (Estrasburgo), Nueva Aquitania (Burdeos), Auvernia-Ródano-Alpes (Lyon), Borgoña-Franco Condado (Dijón), Bretaña (Rennes), Centro-Val de Loira (Orleans), Córcega (Ajaccio), Isla de Francia (París), Occitania (Toulouse), Altos de Francia (Lille), Normandía (Ruán), País de Loira (Nantes), Provenza-Alpes-Costa Azul (Marsella).

213 Guadalupe: su capital es Basse-Terre. Se encuentra en América central, en el archipiélago de las Antillas. Martinica: su capital es Fort-de-France. También está situada en América Central, concretamente en el norte de Santa Lucía, en el Caribe. Guayana Francesa: su capital es Cayena. Se encuentra en América del sur, entre Brasil y Surinam. La Reunión: su capital es Saint-Denis y se encuentra en África, en el océano Índico. Mayotte: su capital es Mamoudzou. Es una isla situada en África, en el canal de Mozambique.

214 “Las colectividades territoriales de la República son las comunas, los departamentos, las regiones, las comunidades de estatus especial y las colectividades de ultramar regidas por el Artículo 74. Cualquier otra colectividad territorial es creada por ley, si existe lugar y

en su ámbito competencial. También hay que recalcar que el artículo 1 CRF proclama la indivisibilidad de la República y que, en el preámbulo proclama la libre decisión de los territorios de ultramar de adherirse a ella[215].

De estas regiones, 14 son regiones de régimen común (doce en la Francia metropolitana y dos, Guadalupe y Reunión, en ultramar) y cuatro con un estatus especial: Córcega en la Francia metropolitana y Mayotte, Guayana Francesa y Martinica en los territorios de ultramar. Además, algunas regiones metropolitanas tienen características específicas, como Isla de Francia, con competencias más amplias que el resto. Dentro de cada uno de estos territorios nos encontramos con un consejo regional y un distrito administrativo con un prefecto regional. Si a ello unimos que hay 101 distritos departamentales, que los departamentos y distritos se subdividen en cantones (la circunscripción electoral de los consejos departamentales) y que los municipios, con sus consejos municipales y

lugar de una o más comunidades mencionadas en este párrafo. Las autoridades locales y regionales son responsables de tomar las decisiones sobre todas las habilidades que pueden implementarse mejor en su nivel. En las condiciones previstas por la ley, estas comunidades se administran libremente a través de consejos electos y tienen poder regulatorio para ejercer sus poderes. En las condiciones previstas en la ley orgánica, y salvo que estén en juego las condiciones esenciales para ejercer una libertad pública o un derecho constitucionalmente garantizado, las autoridades locales o sus agrupaciones pueden, cuando sea el caso, la ley o el reglamento establece, derogar, con carácter experimental y para un propósito y duración limitados, las disposiciones legislativas o reglamentarias que rigen el ejercicio de sus poderes. Ninguna autoridad territorial puede ejercer tutela sobre otra. Sin embargo, cuando el ejercicio de una jurisdicción requiere la cooperación de varias autoridades locales, la ley puede autorizar a uno de ellos o a uno de sus grupos a organizar los términos de su acción conjunta. En las comunidades territoriales de la República, el representante del Estado, en representación de cada uno de los miembros del Gobierno, es responsable de los intereses nacionales, el control administrativo y el cumplimiento de las leyes".

215 "En virtud de estos principios y de la libre determinación de los pueblos, la República ofrece a los territorios de ultramar que expresan la voluntad de adherirse a ella nuevas instituciones basadas en el ideal común de libertad, igualdad y fraternidad diseñada para su evolución democrática".
Texto consultado en la web de la Asamblea Nacional francesa (versión actualizada a enero de 2015).
https://www.asamblea.go.cr/sd/Documents/CEDIL/Dossier%2043-2018/43-.Regimen%20Disciplinario%20Legislador/Europa%20II_C/Francia_bi/Constituci%C3%B3n/Constituci%C3%B3n%20de%20la%20Rep%C3%BAblica%20Francesa%20-%20Asamblea%20Nacional.pdf

alcaldes a la cabeza, son la organización territorial básica, no es de extrañar que popularmente se haga referencia a esta organización como un millefeuille (milhojas) territorial[216].

También es destacable el estatus especial de la Ciudad de París, formada por un departamento y un municipio que el 1 de enero de 2019 se fundieron en una única entidad. Y, dentro de las colectividades de ultramar (así definidas en la constitución francesa desde 2003, San Pedro y Miquelón, Wallis y Futuna, Polinesia Francesa, San Martín y San Bartolomé), la Polinesia Francesa tiene un estatuto de autonomía reforzado, pudiendo adoptar leyes en materias como educación y sanidad. Nueva Caledonia, por su parte, tiene asimismo un régimen especial, pues sus provincias (Provincia Sur, Provincia Norte y Provincia de la Lealtad) son colectividades con competencias en las materias no atribuidas por ley al Estado, a la propia región de Nueva Caledonia y a los municipios.

En lo que se refiere al sistema tributario, la administración estatal recauda la práctica totalidad de los de los impuestos (Impuesto sobre la Renta, Impuesto sobre Sociedades, Impuesto sobre el Patrimonio, IVA, Impuestos Especiales, Contribución Excepcional sobre Rentas Altas, Impuesto sobre el Salario, Impuesto a las Transacciones Financieras, Timbre, Sucesiones y Donaciones, Transmisiones Patrimoniales, etc.), aunque también hay impuestos locales: Impuesto sobre la Propiedad Inmobiliaria Construida, Impuesto sobre la Propiedad Inmobiliaria No Construida, Impuesto de la Vivienda e Impuesto sobre Locales Vacíos, Contribución Económica Territorial o el Impuesto sobre Importaciones para los territorios de ultramar, siendo la base imponible la misma para cada colectividad beneficiaria, que sí tienen capacidad para fijar sus propios tipos impositivos (artículo 72.2 CRF[217]). Aunque la recaudación se realiza a través de los servicios

---

216 Hélias, A., *Décentralisation: la «simplification du millefeuille territorial» au menu de l'exécutif*, Le Courrier Des Maires, 12/06/2019,

217 "Las autoridades locales se benefician de los recursos de los que disponen libremente en las condiciones establecidas por la ley. Pueden recibir todo o parte del producto de imposiciones de todo tipo. La ley puede autorizarles a fijar la base y la tasa dentro de los límites que determina. Los ingresos fiscales y otros recursos propios de las autoridades locales representan, para cada categoría de comunidad, una parte decisiva de sus recursos totales. La ley orgánica establece las condiciones bajo las cuales se implementa esta regla. Cualquier transferencia de poderes entre el Estado y las autoridades locales va acompañada de la asignación de recursos equivalentes a los dedicados a su ejercicio. Cualquier creación o extensión de competencias que tenga el efecto de aumentar los gastos de las colectividades territoriales va acompañada de recursos determinados por la ley. La ley

fiscales estatales "en beneficio de las entidades locales y de diversas entidades" (artículos 1379 a 1649 del Código General Tributario[218]) y distribuye los recursos entre las distintas colectividades territoriales. En el Código General Tributario, que regula la mayoría de los impuestos, se recogen beneficios fiscales específicos para las regiones de ultramar y otros regímenes especiales en cada figura impositiva.

5.2. PORTUGAL

Portugal es un Estado unitario (artículo 6 Constitución de la República Portugesa, CRP en adelante), lo que supone la existencia de un único ordenamiento jurídico originario. Sin embargo, la estructura político-administrativa del Estado portugués comprende cuatro clases de entidades territoriales menores, que tienen por finalidad la consecución de los intereses propios de las poblaciones respectivas y que se distribuyen por dos niveles fundamentales, regiones autónomas (los archipiélagos de Azores y Madeira, con la condición de RUP, como hemos visto anteriormente) a las que corresponde un grado máximo de autonomía política dentro de la estructura político-administrativa del Estado, y las autarquías[219] o autonomías locales, que incluyen las regiones administrativas (cuyo régimen está previsto en la constitución pero no se han constituido hasta la fecha), los municipios y las "circunscripciones parroquiales" (denominadas freguesías). Los distritos, correspondientes a una división administrativa del Estado instituida en 1947, están abocados a la extinción y poseen unas atribuciones meramente residuales[220].

A las regiones autónomas la Constitución de la República Portuguesa atribuye un "poder tributario propio, en los términos de la ley", además de un "poder de adaptar el sistema fiscal nacional a las especificidades regionales" (artículo 227 CRP). Tradicionalmente consideradas zonas francas industriales y con libre ex-

establece esquemas de igualación diseñados para promover la igualdad entre las autoridades locales".

218 https://www.legifrance.gouv.fr/codes/texte_lc/LEGITEXT000006069577/

219 Rodrigues Canotilho, M., "El sistema constitucional de Portugal", *Revista de derecho constitucional europeo,* ISSN 1697-7890, Nº. 14, 2010, *pág. 128.*

220 Sousa Santos Aguiar, N. T., "El sistema tributario local en Portugal", *Revista Tributos Locales* nº 60, marzo de 2006, pág. 103.

portación e importación de mercancías, los principales beneficios incluidos en los regímenes tributarios de Azores y Madeira están referidos a los Impuestos sobre la renta de personas físicas y jurídicas (exenciones por residencia y por rendimientos obtenidos en las regiones autónomas), el Impuesto de sello y en el Impuesto municipal sobre Inmuebles, el Impuesto municipal sobre Transmisiones de Inmuebles, el Impuesto sobre Sucesiones y Donaciones, las contribuciones de la Seguridad Social y algunas tasas[221].

Con relación a los municipios, la Ley de Haciendas Locales de 1998 les otorga también unos "poderes tributarios", donde se incluyen "el derecho al producto de lo recaudado en concepto de ciertos tributos"; el poder de fijar el tipo de ciertos impuestos, como el Impuesto Municipal sobre Inmuebles y el Recargo sobre el Impuesto sobre la Renta de las Personas Jurídicas (IRC); y el poder de establecer beneficios fiscales sobre aquellos impuestos de cuya recaudación sean acreedores. Son principios fundamentales de la organización y funcionamiento del Estado el respeto a la autonomía de los municipios, a la descentralización democrática de la pública administración y al régimen autonómico insular, siendo la autonomía de los municipios y la autonomía político-administrativa de las regiones insulares uno de los límites materiales de reforma constitucional previstos en el artículo 288 de la Constitución. Las competencias constitucionalmente atribuidas a las regiones autónomas son muchas y de gran importancia. Además de la competencia legislativa, tienen poder ejecutivo, administrativo y tributario propio, con la posibilidad de adaptar el sistema fiscal nacional a las especificidades regionales y disponer de las contribuciones fiscales generadas o cobradas en la región (a las que se suma una parte de los tributos del Estado central). Finalmente, la Constitución prevé también que las regiones participen directamente en el proceso de construcción europea, a través de la transposición al ordenamiento regional de actos jurídicos de la Unión y de representación en las respectivas instituciones regionales y en las delegaciones portuguesas encargadas de negociar en los procesos decisorios. La Constitución prevé además la posibilidad de creación de regiones administrativas, pero esta opción ha sido rechazada por la ciudadanía en el referéndum sobre la materia de 1998[222]. Podríamos decir

---

221 Sousa Santos Aguiar, N. T., "El sistema tributario local en Portugal" cit., pág. 120.

222 Rodrigues Canotilho, M, "El sistema constitucional de Portugal" cit. *págs. 128-135.*

que el procedimiento de regionalización en Portugal, salvo por lo que se refiere a las regiones autónomas insulares, está inconcluso[223].

5.3. ITALIA

Italia se convierte en el primer Estado regional europeo después de la II Guerra Mundial, tomando como modelo la organización territorial recogida en la constitución de 1931 de la fallida II República española. Si acudimos a la Constitución de la República de Italia (CRI, en adelante), el artículo 5 proclama que la república es una e indivisible, pero al mismo tiempo reconoce y promueve las autonomías locales y la descentralización administrativa. En cuanto a la organización territorial, el artículo 114 CRI señala que la República se compone de los Municipios, las Provincias, las Ciudades Metropolitanas, las Regiones y el Estado, añadiendo que los Municipios, las Provincias, las Ciudades Metropolitanas y las Regiones son entidades autónomas con sus propios estatutos, facultades y funciones con arreglo a los principios establecidos en la Constitución. Además, el artículo 117 CRI añade que los Municipios, las Provincias, las Ciudades Metropolitanas y las Regiones gozarán de autonomía financiera para sus ingresos y gastos. Así se consagran los principios de unidad y autonomía junto a los principios de igualdad (artículo 117.7 CRI), solidaridad (artículos 119.3 y 5 CRI), subsidiariedad y leal cooperación (artículo 120.2 CRI)[224].

Son 20 regiones (Piemonte, Valle d'Aosta, Lombardia, Trentino-Alto Adigio, Veneto, Friuli-Venezia Giulia, Liguria, Emilia-Romagna, Toscana, Umbria, Marche, Lazio, Abruzi, Molise, Campania, Puglia, Basilicata, Calabria, Sicilia, Sardegna) y dos provincias autónomas, las de Bolzano y Trento (que según el art. 116 CRI forman parte de la Región de Trentino-Alto Adigio/Südtirol (Tirol del Sur). Desde enero de 2015, son ciudades metropolitanas Reggio Calabria, Napoli, Bari, Firenze, Bologna, Genova, Venezia, Milano y Torino. Pero la Constitución italiana establece, por una parte, un modelo regional para todo el territorio estatal con pocas diferencias para las regiones de derecho común y

[223] Rojo Salgado, A., "La experiencia del Estado regional en Europa: un referente para el caso español, *Revista de Estudios Políticos (nueva época)*, ISSN: 0048-7694, núm. 127, Madrid, enero-marzo 2005, págs. 233-273.

[224] Milione, C., "La república italiana", en *Sistemas constitucionales europeos comparados* cit., pág. 227.

ordinarias; y, por otra parte, a través de leyes específicas, se reconocen estatutos propios para las regiones especiales atendiendo a las condiciones particulares de insularidad y depresión económica y social de algunos territorios (Cerdeña y Sicilia), la necesidad de dar un tratamiento específico a minorías étnicas situadas en zonas fronterizas donde se da una situación de bilingüismo (Valle de Aosta, Trentino-Alto Adigio, Friuli-Venezia Giulia) y movimientos separatistas (Sicilia, Valle de Aosta), lo que les otorga mayor capacidad legislativa, administrativa y financiera[225].

Sin embargo, actualmente, en Italia es el Estado quien regula la mayor parte de los impuestos, y las regiones pueden establecer un tipo impositivo dentro de una horquilla fijada por el Estado. En el IS se contempla un impuesto sobre el beneficio de las entidades societarias de naturaleza estatal (27,5%) y un impuesto regional sobre las actividades de producción (3,5%) del que se permite deducir el 10% en el impuesto estatal. En cuanto al IRPF, las regiones pueden aplicar un recargo, y el IVA está centralizado, aunque el resto de impuestos sobre consumos especiales se pueden aplicar a nivel nacional o local[226]. Un panorama que podría cambiar con la recién aprobada Ley de autonomía diferenciada, que permitirá a cada región reclamar al Estado nuevas competencias en un plazo de diez años.

5.4. BÉLGICA

El caso belga es especialmente interesante, por tratarse de un país que ha pasado de ser unitario a ser regional y después federal, aunque se habla también de fórmulas confederales y hay quien aventura una posible partición de sus comunidades. De hecho, podríamos hablar de un federalismo bipolar y asimétrico[227]. Los artículos 1 a 7 de la Constitución de Bélgica (en adelante, CB), se refieren a esta compleja organización territorial, estableciendo que se trata de un Estado federal compuesto por tres Comunidades (Comunidad flamenca, la Comunidad

225 Rojo Salgado, A., "La experiencia del Estado regional en Europa: un referente para el caso español" cit., pág. 241.

226 Lago Peñas, S., y Vaquero García, A. *Descentralización y sistema tributario: lecciones de la experiencia comparada* cit., pág. 50.

227 Rojo Salgado, A., "La experiencia del Estado regional en Europa: un referente para el caso español" cit., págs. 233-273.

francesa y la Comunidad germanófona) y tres Regiones (la Región Flamenca[228], la Región Valona[229] y la Región de Bruselas), distinguiendo además cuatro regiones lingüísticas: la región de habla neerlandesa, la región de habla francesa, la región bilingüe de Bruselas-Capital y la región de habla alemana, de las que forman parte cada uno de los municipios del Reino, carácter que se añade en el artículo 4 CB, lo que sorprende al tratarse de uno de los elementos definitorios del país. Una organización territorial que sólo puede modificarse en virtud de ley. Así, las Regiones se van a estructurar en provincias, municipios y agrupaciones de municipios, lo que se conoce en Bélgica como entidades descentralizadas, frente al término de entidades federadas, empleado para designar a las Comunidades y a las Regiones[230].

Los conflictos territoriales se han sucedido en este país se han debido a la presencia de dos comunidades lingüísticas que forman la sustancia misma del Estado: los flamencos (57%) y los francófonos (43%), existiendo claras disparidades entre un norte rico (Flandes) y un sur (Valonia) venido a menos en términos de desarrollo industrial, nivel de vida y renta per cápita. Y ello hay que unir la existencia de una pequeña comunidad de habla alemana (situada en el sureste del país) y el carácter particular de la capital, mayoritariamente poblada por francófonos, pero rodeada por una región de lengua neerlandesa. Y en este contexto de pluralismo y heterogeneidad, tensión y enfrentamiento, el ordenamiento ha ido adaptándose a esa realidad diferenciada, donde confluyen tradiciones, culturas, idiomas, intereses y aspiraciones específicas de cada comunidad, caracterizado por el desdoblamiento y superposición de las colectividades federadas (tres Comunidades y tres Regiones) pensado no tanto para unir la diversidad de un Estado con múltiples fracturas, sino más bien para constatar e institucionalizar la división, la divergencia y los hechos diferenciales[231].

Las Comunidades y las Regiones tienen competencias distintas. Mientras las primeras responden a reivindicaciones de índole cultural, las segundas respon-

---

228 La Región Flamenca comprende las siguientes provincias: Amberes, Brabante Flamenco, Flandes Occidental, Flandes Oriental y Limburgo.

229 La Región Valona comprende las siguientes provincias: Brabante Valón, Henao, Lieja, Luxemburgo y Namur.

230 García Martínez, A., *La autonomía tributaria de las entidades federadas en Bélgica*, Generalitat de Catalunya. Institut d'Estudis Autonòmics, Barcelona, 2012, pág. 21.

231 Rojo Salgado, A., "La experiencia del Estado regional en Europa: un referente para el caso español" cit., págs. 248-251.

den a las reivindicaciones de autonomía en el terreno socioeconómico, por lo que ostentan las competencias en política económica. Todas están dotadas de instituciones legislativas, ejecutivas y administrativas propias (no de poder judicial propio) formadas en cada una de las Regiones por un Consejo o Parlamento y un Gobierno, a los que hay que unir en la Región de Bruselas otros organismos importantes, como la Comisión Comunitaria Común, la Comisión de la Comunidad flamenca o la Comisión de la Comunidad francesa (COCOF). Todas las entidades federadas tienen competencias en relaciones exteriores, tanto con la UE como para celebrar tratados internacionales. Además, hay que sumar a los órganos federales: Cámara de Representantes, Senado, Comité de Concertación, Tribunal de Arbitraje y Consejo de Ministros, cuyos miembros se reparten entre los distintos grupos lingüísticos conforme a un criterio de paridad. Es el Comité de Concertación la sede donde el Estado, las Comunidades y las Regiones han de ponerse de acuerdo para resolver los conflictos de intereses y los problemas de coordinación que plantean sus políticas respectivas de acuerdo con el principio de lealtad federal recogido en el artículo 143 CB[232].

Esta complejidad territorial e institucional redunda en los costes económicos del sistema y todos los entes territoriales tienen poder tributario (art. 170 CB), pues las entidades federadas cuentan con su propio sistema de financiación para ejercer sus competencias, si bien, por la propia complejidad del sistema, son las regiones las que tienen verdadera autonomía tributaria y han creado impuestos propios. Por lo que nos encontramos con impuestos federales (Impuesto sobre Sociedades, IRPF, compartido con las regiones, e IVA), impuestos regionales cedidos por el Estado federal (impuestos sobre la propiedad de bienes inmuebles, matriculación y circulación de vehículos, sucesiones y donaciones entre otros[233]), impuestos propios de cada región[234] e impuestos locales. En el ejercicio de su au-

232 Rojo Salgado, A., "La experiencia del Estado regional en Europa: un referente para el caso español" cit., págs. 248-251.

233 Impuesto sobre los juegos y apuestas, Impuesto sobre las máquinas automáticas de diversión, Impuesto sobre la apertura de establecimientos de bebidas fermentadas, Impuesto sobre sucesiones de los residentes, Impuesto sobre sucesiones de los no residentes, el Impuesto sobre bienes inmuebles, el Impuesto de transmisiones patrimoniales y actos jurídicos documentados, el Impuesto sobre los aparatos de radio y televisión, Impuesto de circulación de los vehículos automóviles e Impuesto de matriculación.

234 Son impuestos propios de la Región de Bruselas-Capital los Impuestos sobre la ocupación de inmuebles residenciales y sobre la titularidad de inmuebles residenciales, el Impuesto sobre el vertido de las aguas usadas residuales; el Impuesto sobre la explota-

tonomía tributaria para establecer impuestos propios, las Regiones están sometidas a los mismos condicionantes constitucionales que el propio Estado federal, especialmente por lo que concierne al respeto de las libertades constitucionales, así como a los principios de legalidad tributaria, anualidad, territorialidad e igualdad ante el impuesto. Pero hay que destacar que el artículo 170.2 de la CB establece una importante limitación a la autonomía tributaria de las Regiones al reservar al Estado la posibilidad de establecer excepciones al poder tributario regional cuando su necesidad esté demostrada o justificada, por lo que se concede al Estado federal una primacía o prioridad a la hora de establecer y preservar su propio sistema tributario frente a la autonomía tributaria de las entidades federadas (Regiones y Comunidades)[235].

Un sistema tributario descentralizado, como vemos, que nos recuerda en muchos aspectos al sistema tributario español, que es sin embargo más descentralizado en materia tributaria que el de Bélgica, donde no existen en esta materia fórmulas confederales como las del Concierto del País Vasco o el Convenio de Navarra, o el régimen asimilado al concierto pactado para Cataluña.

---

ción de taxis o alquiler de vehículos con conductor. En la Región de Valonia tenemos los Impuestos sobre los residuos, el Impuesto sobre los autómatas (cajeros automáticos y aparatos distribuidores de carburantes), el Impuesto sobre los sitios de actividad económica desafectados, el Impuesto sobre el vertido de las aguas usadas industriales y domésticas, los Impuestos sobre la toma o consumo de agua, el recargo sobre el Impuesto de matriculación (éco-malus) y el incentivo fiscal llamado éco-bonus. Y son tributos propios de la Región de Flandes los Impuestos sobre los residuos o canon ecológico, el Impuesto sobre el abono orgánico de origen animal, el Impuesto para la protección de las aguas de superficie contra la contaminación, el Impuesto sobre la captación de aguas subterráneas, el Impuesto sobre la grava (áridos), el Impuesto sobre al abandono de sitios de actividades económicas desafectados, el Impuesto contra la desafectación y degradación de los edificios, el Impuesto sobre los beneficios derivados de la planificación espacial o urbanística, el Impuesto sobre la explotación de una red de distribución, la Tasa por la concesión sobre las playas, la Tasa relativa a la solicitud de autorizaciones anticontaminantes.

235 García Martínez, A., *La autonomía tributaria de las entidades federadas en Bélgica*... cit., págs. 28 y 30.

5.5. ALEMANIA

La naturaleza del federalismo germano se define por tres aspectos fundamentales: subsidiariedad, solidaridad (el artículo 107 de la Ley Fundamental de la República Federal Alemana, en adelante LFRFA, garantiza que por ley "quede debidamente compensada la desigual capacidad financiera de los *Länder*") y cooperación, a los que se podría añadir un cuarto, la simetría competencial, ya que todos los *Länder* tienen prácticamente idénticas competencias. Y hay que destacar que, aunque se trate de un Estado federal, no cabe la secesión unilateral ni pactada del territorio, como señaló el Tribunal Constitucional en diciembre de 2016 sobre la posible secesión de Baviera, ya que "en la República Federal de Alemania, que es un Estado-nación basado en el poder constituyente del pueblo alemán, los estados no son dueños de la constitución. Por lo tanto, no hay espacio bajo la Constitución para que los estados individuales intenten separarse. Esto viola el orden constitucional"[236]. El artículo 31 LFRFA establece la primacía del derecho federal: "El Derecho federal deroga el derecho de los *Länder*".

Por ello, a Alemania se la pone de ejemplo de federalismo cooperativo entre el gobierno federal (Bund), los 16 gobiernos regionales (*Länder*)[237] y las 16.300 entidades locales (Städte und Gemeinden), pero puede decirse que el sistema tributario de Alemania es un modelo impositivo muy centralizado que deja poco espacio a la autonomía de los *Länder* y sustancialmente a la competencia financiera en virtud de la uniformidad tributaria de todo el territorio federal[238]. La asignación de competencias en materia de ingreso y gasto está fijada por la Constitución Federal, aunque una parte fundamental de las decisiones tributarias son tomadas conjuntamente entre el gobierno federal y los *Länder*, que tienen muy poca autonomía tributaria, pues la mayor parte de sus recursos procede de participaciones territorializadas y transferencias a través de los mecanismos de nivelación. Sin embargo, los *Länder* son responsables de la gestión recaudatoria de la mayor parte de los impuestos, por lo que podemos decir que, en Alemania, hay

---

236 Delgado Ramos, D., y Intxaustegi Jauregi, N. J., "República federal de Alemania", en *Sistemas constitucionales europeos comparados* cit., pág. 198-199.

237 Baden-Wurtemberg, Baja Sajonia, Baviera, Berlín, Brandeburgo, Bremen, Hamburgo, Hesse, Mecklemburgo-Pomerania Occidental, Renania del Norte-Westfalia, Renania-Palatinado, Sajonia, Sajonia-Anhalt, Sarre, Schleswig-Holstein y Turingia.

238 García-Torres Fernández, Mª. J., *Reflexiones sobre el futuro Impuesto sobre Sociedades en Europa: retos de armonización y la BICCIS*, Nueva Fiscalidad número 3, 2012, pág. 68.

una descentralización máxima en cuanto a la recaudación y mínima autonomía fiscal, siendo las administraciones las que gestionan la mayor parte del gasto, al tener las principales competencias, entre ellas educación y sanidad[239]. De hecho, se trata de un sistema tributario bastante uniforme establecido por el Gobierno Federal, en el que, sin embargo, la participación de los *Länder* y los gobiernos locales en las distintas figuras impositivas está recogida en la propia constitución (artículos 104-109 de la LFRFA).

Los ingresos procedentes de otros impuestos sobre el consumo de hidrocarburos, tabaco, vino, seguros y energía son íntegramente para la administración central, mientras que los *Länder* ingresan en exclusiva los impuestos sobre vehículos de tracción mecánica, el juego, loterías, sucesiones y transmisiones de bienes inmuebles. Por su parte, los impuestos municipales se centran sobre el consumo, en bienes de lujo y el impuesto de la tierra, con muy poca importancia cuantitativa. El 80% de la recaudación de los *Länder* deriva de las figuras positivas compartidas con la administración federal, en función del principio de recaudación territorializada ajustada, salvo el IVA, que actúa como mecanismo de nivelación de las diferencias en las capacidades fiscales. En el IRPF se establece un reparto aproximado del 42,5% para el Gobierno Federal, otro 42,5% para los *Länder* y un 15% para los gobiernos locales. El IS se divide casi a partes iguales entre la administración central y regional, no participando la administración local; al igual que el IVA, que se reparte al 50% entre el Bund y los *Länder*. El 80% del impuesto sobre los negocios locales lo ingresan los propios gobiernos locales, un 15% los Länder y un 5% el Gobierno Federal; y en cuanto a los impuestos sobre la propiedad, un 49,4% lo ingresan los gobiernos locales y un 47,9% los gobiernos regionales. Así, el 31,6% de los ingresos tributarios, incluyendo las cotizaciones a la Seguridad Social, corresponde al Bund; un 21,7% a los *Länder*, y un 8,25% a las Städte und Gemeinden[240].

Hay que recalcar, por tanto, que se trata de un federalismo simétrico, y también en lo que a la financiación de los *Länder* se refiere, alejado, por tanto, del federalismo asimétrico o incluso confederalismo que existe actualmente con relación al País Vasco y Navarra y se pretende que exista con Cataluña.

---

239 Lago Peñas, S., y Vaquero García, A., *Descentralización y sistema tributario: lecciones de la experiencia comparada*, *op. cit.*, pág. 29.

240 Lago Peñas, S., y Vaquero García, A., *Descentralización y sistema tributario: lecciones de la experiencia comparada*, *op. cit.*, págs. 16-30.

5.6. EL CONTEXTO DE LA UE

Si nos fijamos en las dificultades que afronta la Unión Europea en el ámbito económico, en un contexto de lucha contra la erosión de bases imponibles y el fraude fiscal es necesaria una reforma de los tratados en clave federal. Las instituciones europeas y los Estados miembros deben afrontar los problemas derivados de la globalización y de la aplicación de las nuevas tecnologías que permiten a las empresas realizar una planificación fiscal abusiva. A la existencia de las sociedades fantasmas *offshore*, el blanqueo de capitales y el lavado de dividendos y cupones que persiguen la elusión, se suma la fiscalidad de las compañías digitales, que se aprovechan de los mercados locales sin una presencia física y de la información recopilada de los usuarios por el uso de la red para sus productos comerciales. Además, la existencia de puertos francos, los depósitos aduaneros y otras zonas económicas especiales a las que nos hemos referido previamente, es aprovechada para el almacenamiento de activos de sustitución financiados por fuentes desconocidas como obras de arte, joyas, oro, antigüedades y colecciones valiosas para conseguir los mismos efectos que con los paraísos fiscales.

Para combatir estas prácticas es necesario que la UE tenga competencias compartidas con los Estados miembros en materia fiscal, ya que la tributación sigue siendo de competencia nacional. Habría que reforzar las funciones legislativas del Parlamento Europeo en este aspecto, pues la representación soberana del pueblo europeo no puede quedar marginada de los impuestos, que es una materia que configura la soberanía misma. En lo que se refiere a la Comisión, como órgano ejecutivo de la UE, debería incorporar un departamento fiscal dentro de su estructura orgánica y, para facilitar la adopción de decisiones en esta materia dentro del Consejo, pasar de la regla de la unanimidad a la de una mayoría cualificada[241]. Que los países miembros tengan las competencias en materia tributaria es compatible con la cesión de competencias a la UE para que las instituciones europeas lleven a cabo su labor armonizadora. Y éste es un argumento aplicable al Estado español, donde el gobierno central comparte con las CCAA las competencias tributarias.

---

241 Jáuregui Atondo, R., "La fiscalidad en la perspectiva de una Europa federal", en Molina del Pozo, C.F. (dir.), Saldaña Ortega, V. (coord.), *Hacia la construcción de un verdadero proyecto federal para la Unión Europea*, Universidad de Alcalá, Colex, A Coruña, 2022, págs. 338 y 339, 345 y 346.

Por otra parte, frente a lo que se ha escuchado en España sobre una posible secesión de Cataluña, hay que destacar que en 2014 la Comisión Europea dictaminó que cuando una parte del territorio de un Estado deje de formar parte de ese Estado porque se convierta en un Estado independiente, desde el día de su independencia se convertirá en un tercer Estado con relación a la UE y los tratados ya no serán aplicables a su territorio. Además, el artículo 52.1 del TUE cita nominalmente a cada uno de los Estados miembros, por lo que para incluir a Cataluña habría que modificarlos por unanimidad del Consejo Europeo y la ratificación de cada Estado, lo que no es probable si esto ocurriera, ya que el artículo 4.2. TUE establece que se respeta la integridad de los Estados miembros, por lo que una declaración unilateral de independencia no sería aceptada por la UE[242].

Y probablemente tampoco por la mayoría de los Estados miembros, celosos de su integridad territorial, y que recogen en sus constituciones la indivisibilidad del territorio, caso de Portugal o Francia, o que no admiten en su ordenamiento jurídico la secesión, aun tratándose de países federales como Alemania.

242 Borrell, J., Jorach, *Las cuentas y los cuentos de la independencia*...cit. Edición de Kindle, capítulo 11, www.amazon.com.

6. CONCLUSIONES

Las singularidades fiscales y territoriales están previstas en los textos constitucionales y en los ordenamientos jurídicos de España y la UE, donde se ha producido un proceso de descentralización en la mayoría de los países de nuestro entorno, y donde las instituciones europeas han puesto en marcha ambiciosas políticas de desarrollo regional, precisamente para aquellos territorios singulares por sus características políticas, geográficas y sociales. Los Fondos Estructurales y de Inversión de la UE, que representan el 76% del presupuesto comunitario, tienen como objetivo corregir los desequilibrios territoriales de los países miembros, ya sea por razones geográficas, por la situación estructural social y económica o por problemas concretos como la despoblación.

Tanto en el derecho comunitario como en el español se reconocen los hechos diferenciales y al mismo tiempo prima la solidaridad entre los países y los distintos territorios que los componen, independientemente de su organización política. El territorio, sin embargo, no ha sido uno de los elementos definidores de la UE, que está presente en los cinco continentes a través de los regímenes especiales territoriales de los países miembros, sino las condiciones jurídico-políticas.

Al mismo tiempo, la UE se preocupa de que las diferencias entre los sistemas tributarios de los Estados miembros no faciliten la planificación fiscal abusiva ni socaven la integridad del Mercado Único Europeo. Algo que ha llevado a la Comisión a criticar las políticas de algunos países como Bélgica, Irlanda, Chipre, Luxemburgo, Hungría, Malta y Países Bajos.

Como hemos visto, si nos fijamos en la capacidad normativa de las CCAA y especialmente en materia tributaria, el nivel de descentralización que hay en España no tiene parangón en los países de nuestro entorno europeo, ni siquiera con países federales como Alemania y Bélgica y, saliendo de la UE, las excepciones serían Suiza, Canadá y USA. Pero resulta ilustrativo el caso alemán si lo comparamos con el español, porque siempre se ha puesto por el independentismo catalán como un ejemplo a seguir, cuando la realidad es que Cataluña goza en la actualidad de más competencias normativas en materia tributaria que los *Länder*, aunque estos tengan mayor competencias de gestión y recaudación. El único punto del acuerdo entre el PSC y ERC que nos acercaría al sistema alemán sería la cesión de la gestión y recaudación de los impuestos cedidos (o compartidos) por el Estado, que podría extenderse a las CCAA que también lo soliciten, pero no la capacidad de armonización normativa, que en Alemania corresponde al Estado federal y en España debe seguir ejerciendo el Estado central, como elemento cohesionador y garante de que en todas las CCAA se presten los servicios públicos esenciales y de la solidaridad entre todos los territorios.

Además, con relación a las comunidades autónomas forales, País Vasco y Navarra, no existe en Derecho comparado un régimen similar ni siquiera en el caso de los estados federales más descentralizados. Se podría hablar de la renuncia del gobierno central o federal al poder tributario de una parte del país, lo que es una excepción más propia de confederaciones que de países, como puede ser la propia UE en materia fiscal, algo que es absolutamente excepcional en el marco de la OCDE[243].

Sin embargo, hemos de destacar que eso no significa que el régimen foral exista al margen de la Constitución, sino que precisamente su fundamento jurídico reside en la propia Constitución, que en la Disposición Adicional Primera reconoce los derechos históricos y los eleva a rango constitucional. Pero esta disposición tiene el mismo rango que el resto de los preceptos constitucionales y debe interpretarse sistemáticamente con relación a ellos. La existencia de tributos concertados o convenidos por una normativa distinta a la estatal ha sido avalada por la jurisprudencia del TJUE.

Un modelo en el que podría tener encaje Cataluña con el mismo tratamiento, con matices, que el de País Vasco y Navarra, según el acuerdo alcanzado por el PSC y ERC, pero que no es extensible a todas las CCAA, pues supondría vaciar de contenido la hacienda estatal, cuando no una quiebra técnica, y eliminar el hecho diferencial[244]. En este pacto podrían distinguirse las aspiraciones legítimas a un reconocimiento de identidad política por las nacionalidades históricas y las cuestiones fiscales, siendo compatible ese reconocimiento con la solidaridad entre todas las comunidades autónomas y todos los ciudadanos españoles, como preconiza el artículo 2 de la CE. Sería un modo de volver a la situación que preveía la CE antes de que se completase el proceso autonómico y se generalizasen las comunidades autónomas para todas las regiones españolas. Un Estado materialmente federal, o plurinacional, si se prefiere, con un reconocimiento especial

---

243 Lago Peñas, S., y Vaquero García, A., *Descentralización y sistema tributario: lecciones de la experiencia comparada*... cit., pág. 64.

244 Zubiri (Zubiri, I. *La capacidad normativa de las comunidades forales. Su extensión al resto de Comunidades Autónomas*, Papeles de Economía, núm. 83, 2000, págs. 137-139). En la misma línea, De la Fuente (De la Fuente, A., *Sobre la generalización del sistema de concierto*, FEDEA e Instituto de Análisis Económico (CSIC), Madrid. 2018: 1-3).

para País Vasco, Navarra y Cataluña, stricto sensu, las nacionalidades históricas (junto a Galicia) y el resto de las nacionalidades y autonomías establecidas en cada territorio por sus estatutos, pero en las que todas participarían en una condición de igualdad en los mecanismos que garanticen la solidaridad de los españoles.

Sin embargo, el Estado Autonómico funciona ya materialmente como un Estado federal o plurinacional, si atendemos a la denominación que ya se dan a sí mismas muchas CCAA, no sólo las consideradas históricas. ¿Sería una realidad más evidente si se definiesen los entes territoriales que conforman el Estado español en un segundo párrafo del artículo 2 de la CE, como propuso el Consejo de Estado de 2006, el PSOE-A en 2012 y parte de la doctrina constitucionalista, clarificando también sus competencias, que deben estar recogidas con mayor precisión en el artículo 148 de la CE y no en una multiplicidad de Estatutos de Autonomía y leyes[245]? Probablemente, y también si el Senado se convirtiese en una verdadera cámara de representación territorial y la circunscripción electoral no fuera la provincia, sino la comunidad autónoma. También es cierto, sin embargo, que una organización federal, debido a su generalidad y homogeneidad, no satisfaría las reivindicaciones nacionalistas, singularmente de Cataluña y País Vasco, pues supondría diluir los hechos diferenciales en el régimen autonómico, por lo que seguiríamos sin resolver el problema territorial.

Las transferencias sucesivas a las comunidades autónomas de competencias y recursos económicos y la corresponsabilidad fiscal debería ser la consecuencia del previo reconocimiento como nación del hecho diferencial y su correspondiente organización institucional y no al revés, como ha ocurrido hasta ahora en España, donde los nacionalismos históricos han venido reclamando un reconocimiento de identidad política que ha sido contestado por el Estado con transferencias de competencias y recursos siempre que su apoyo era necesario para la gobernabilidad, lo que ha supuesto además la asunción de más competencias y recursos por el conjunto de las comunidades autónomas. Pero las peculiaridades de País Vasco y Cataluña no tienen por qué ser generalizadas, cualquiera que sea la estructura general del Estado, que es la razón del enquistamiento del problema

---

245 García Roca J. (ed.) (2014): *Pautas para una reforma constitucional. Informe para el debate, op. cit.*, pág. 110.

territorial. Varias naciones podrían compartir el mismo Estado, que es el verdadero Estado plurinacional[246].

Hay que recalcar que el poder de autodeterminación (la autonomía política, tal como la entendía Entrena Cuesta), ya está recogido en la CE y se ejerce con normalidad en los parlamentos de las CCAA. Lo que no está admitido ni en el Derecho Internacional ni en el Derecho de la UE ni en los ordenamientos jurídicos de la mayoría de los países, incluyendo los federales, es el derecho de secesión. Concretamente, y en lo que a la UE se refiere, si una parte del territorio de un Estado deja de formar parte ese Estado para ser un Estado independiente, desde el día de su independencia se convertirá en un tercer Estado con relación a la UE y los tratados ya no serán aplicables a su territorio.

El futuro del Estado autonómico pasa por una reforma constitucional en la que se fijen las competencias (la transferencia de competencias son la base de las reclamaciones de País Vasco y Cataluña), recursos tributarios y potestades de cada uno de los entes territoriales que conforman el Estado español atendiendo a sus singularidades específicas para que lo que ya funciona como un Estado materialmente federal se convierta en un Estado formalmente federal o plurinacional, si se prefiere. Un sistema que establezca un ámbito de autogobierno territorial que se corresponda con la realidad política del país y garantice su estabilidad. En ese sentido, deben afrontarse las asimetrías competenciales, dando a todas las CCAA las mismas posibilidades, pero permitiendo que sea cada una de ellas la que decida si quiere o no quiere ejercer las competencias[247].

Se trataría de un federalismo asimétrico que plasmaría los hechos diferenciales ya recogidos en la Constitución, en el bloque de la constitucionalidad y el ordenamiento jurídico de determinadas CCAA (fundamentalmente, País Vasco, Navarra, Cataluña, Galicia, Canarias e Islas Baleares, también Ceuta y Melilla, que deberían completar su proceso autonómico y convertirse en RUP para beneficiarse de las políticas de desarrollo regional de la UE) que disfrutarían de especiales niveles competenciales, poderes institucionales y recursos económico-financieros. Pero también podría tratarse de un federalismo simétrico, cooperati-

---

246 Herrero de Miñón, M., *Nacionalismos y Estado plurinacional en España*, Política Exterior, Vol. 10, No. 51 (May - Jun, 1996), págs. 7-16, 19-20.

247 López Basaguren, A., "La distribución de competencias en el sistema autonómico: la necesidad de una reforma", en Galera Victoria, A. (coord.), *La cuestión territorial en España (Un debate histórico, político y constitucional necesario)*, Comares, Granada, 2024, págs. 75 y 90.

vo y ejecutivo como el alemán, caracterizado por la existencia de homogeneidad entre las CCAA y por el predominio de las relaciones de cooperación multilaterales. Este modelo estaría basado en el principio de paridad entre las CCAA, haciendo posible una mayor integración y donde el Gobierno central seguiría ejerciendo una política fiscal de carácter homogéneo encaminada a conseguir una mayor redistribución de la riqueza tanto entre las CCAA como entre los ciudadanos[248].

Una tercera vía que me parece razonable sería aceptar un federalismo asimétrico a nivel institucional (el reconocimiento de la identidad política nacional), pero haciendo primar el principio de solidaridad en materia económica y fiscal. A fin de cuentas, como hemos defendido en este trabajo, quienes soportan la carga tributaria son las personas, no los territorios, y el principio constitucional básico que garantiza que el sistema tributario sea justo, como exige el artículo 31 CE, es el principio de capacidad económica. Para ello haría falta un pacto multilateral de todas las CCAA, y una reforma del sistema de financiación puede ser el motor de esa reforma constitucional en la que todos los territorios y todos los partidos políticos deberían estar implicados pensando únicamente en el interés general.

Como hemos propuesto en otras ocasiones, para ello sería necesario que en la CE se clarificasen las competencias de las CCAA especialmente en lo que se refiere a educación y sanidad, que deben estar recogidas con mayor precisión en el artículo 148 de la CE y no en una multiplicidad de Estatutos de Autonomía y leyes, y del Estado en seguridad social en el artículo 149 CE. Dentro del Título VIII, también deben incluirse las reglas competenciales para la resolución de conflictos entre Estado y CCAA, más allá de la cláusula residual del artículo 149.3 y, en lo que se refiere a la autonomía financiera, y siguiendo con el Título VIII, habría que modificar el artículo 156.1 CE para subrayar que la autonomía financiera de las CCAA se produce tanto en la vertiente del gasto como de los ingresos (aunque esté vinculada al ejercicio de sus competencias).

Para ello, habría que identificar en el artículo 157 los recursos de las CCAA, matizando la autonomía financiera con un principio de uniformidad, para que no existan excesivas diferencias entre los tipos impositivos fijados por las CCAA en los tributos cedidos por el Estado y en otros elementos esenciales de los tri-

---

248 Rojo Salgado, A., "La experiencia del Estado regional en Europa: un referente para el caso español" cit., pág. 238.

butos, reconociendo así a las CCAA un espacio fiscal propio y convirtiendo en impuestos propios de las CCAA los impuestos ya cedidos por el Estado, lo que serviría para armonizar la CE y la legislación de desarrollo con los Estatutos de Autonomía de Segunda Generación.

Para compensar la solidaridad vertical entre el Estado y las CCAA establecida mediante las asignaciones de nivelación y el Fondo de Compensación Interterritorial del artículo 158 CE, debe introducirse la solidaridad horizontal con un precepto parecido al del artículo 107 de la Constitución Alemana, que estableciese: "Se garantiza mediante Ley que quede debidamente compensada la desigualdad financiera de las CCAA". Siguiendo con el ejemplo alemán (artículos 105 a 107 LFRFA), en la CE deben identificarse las competencias tributarias del Estado y CCAA, distinguiendo de manera más precisa las competencias normativas, las competencias sobre la recaudación y las competencias de gestión.

Hablando de solidaridad y singularidades, es destacable la actuación coordinada entre los distintos gobiernos territoriales de distinto signo y las distintas Administraciones públicas con relación a la España vacía, lo que demuestra que es posible realizar una política fiscal solidaria y coherente, fomentando además una idea de Estado.

La Constitución de 1978 ya fue un gran pacto político hacia la descentralización política, aunque no lo definiera ni lo precisara, pues lo que configuró fue un proceso autonómico[249] que ha evolucionado hasta la actual configuración. Ha llegado el momento de renovar ese pacto, ya que en España no es posible un sistema democrático sólido y estable sin un sistema de autonomías territoriales que también lo sea[250]. Todo ello sin perder de vista el marco de integración europea, en el que los Estados deben realizar asimismo una labor legal armonizadora que permita la unión desde la diversidad. El principio de capacidad económica no puede entenderse sin relación al principio de solidaridad entre las CCAA y los ciudadanos, que son al fin y al cabo los que contribuyen al sostenimiento de los

249 Cámara Villar, G., "Reflexiones sobre las relaciones de coordinación, cooperación y colaboración en el Estado autonómico en el marco de una posible reforma constitucional en sentido federal", en Galera Victoria, A. (coord.), *La cuestión territorial en España (Un debate histórico, político y constitucional necesario)*, Comares, Granada, 2024, págs. 75 y 90.

250 López Basaguren, A., "La distribución de competencias en el sistema autonómico..." cit., pág. 90.

gastos públicos siguiendo el mandato constitucional. El interés general debe primar sobre los intereses de gobierno, de los partidos políticos y de los territorios.

BIBLIOGRAFÍA

Adame Martínez, F. D. (1998): "Le système de financement des Communautés Autonomes espagnoles pour le période 1997-2001", *Revue Française de Finances Publiques*, núm. 62.

Adame Martínez, F. D. (1996): *Tributos propios de las Comunidades Autónomas*, Comares, Granada.

Arias Salgado, R. (1978): Diario de Sesiones del Congreso, 12 de mayo de 1978.

Barcia, A., (2017): "Los regionalistas catalanes", El Liberal, 25 de marzo de 1916.

Bauer, O. (1907): Die *Nationalitätenfrage und die Sozialdemokratie*, Ignaz Brand, Viena.

Beiras, X. M. (2017): "Las cuestiones nacionales en el Estado español actual", en *Repensar la España plurinacional* (Ana Domínguez (ed.), Icaria, Barcelona.

Borrell, J., y Jorach, J. (2015): *Las cuentas y los cuentos de la independencia*, Los libros de la catarata, Madrid.

Bosch Cholbi, J. L. (2016): "Las actuaciones de la Oficina de lucha contra el fraude a la Hacienda de la Unión Europea —OLAF— y las exigencias de coordinación con los Estados miembros", en *Gobernanza económica e integración fiscal en la Unión Europea*, García Prats, F. A. (coord.,). Tirant lo Blanch, Valencia.

Buchanan, A. (2017): "Secession", *The Stanford Encyclopedia of Philosophy*, Zalta, E., N., ed., Department of Philosophy, Stanford University, https://plato.stanford.edu/.

Burgueño, J. (1990): "Modificacions del mapa provincial espanyol des de 1834", *Treballs de la Societat Catalana de Geografia*, 1990, Vol. 24.

Calvo Ortega, R. (2003): *Tributos Cedidos: concepto, evolución y problemas actuales*. Revista de Derecho financiero, núm. 268.

Calvo Ortega, R. (2005): *Derecho Tributario I*, Madrid, Thomson-Civitas.

Calvo Ortega, R. (2006): "Los tributos propios de las Comunidades Autónomas: algunas reflexiones sobre su futuro", *Nueva Fiscalidad*, núm. 6.

Calvo Ortega, R. (2000): "Principios tributarios constitucionales y sistema autonómico", en *El sistema de financiación territorial en el modelo de Estado español y alemán*, AA.VV., Ministerio de Administraciones Públicas, INAP.

Calvo Ortega, R. (2015): *Crisis de la financiación autonómica*, Aranzadi, Cizur Menor.

Calvo Ortega, R.; Calvo Vérgez, J. (2021): *Curso de Derecho Financiero*, Aranzadi, Cizur Menor.

Calvo Vérgez, J. (2024): "El nuevo régimen especial de Baleares y sus deducciones fiscales tras la aprobación de la Ley 31/2022, de 23 de diciembre, *Revista Quincena Fiscal* núm. 10/ 2024, pág. 13, consultado en www.aranzadidigital.es

Cámara Villar, G. (2024): "Reflexiones sobre las relaciones de coordinación, cooperación y colaboración en el Estado autonómico en el marco de una posible reforma constitucional en sentido federal", en Galera Victoria, A. (coord.), *La cuestión territorial en España (Un debate histórico, político y constitucional necesario)*, Comares, Granada.

Campos, J. M. (1997): *Ceuta: problemas y soluciones*, Interservicios, Ceuta.

Carretero Jiménez, A. (1962): *Las nacionalidades ibéricas*, Ediciones de las Españas, México.

Carretero Nieva, L. (1948): "Las nacionalidades españolas", suplemento de *Las Españas*, México.

Casas Agudo, D. (2023): "Principales iniciativas frente a la despoblación desde el Derecho Financiero y Tributario: especial referencia a la oportunidad de las medidas de discriminación fiscal positiva y su problemática a la luz del Derecho Comunitario", en Sánchez Galiana, J. A. (dir.), *Estudios sobre las finanzas públicas ante la España despoblada*, Tirant lo Blanch, Valencia.

Cordero González, E. Mª. (2008): "La distribución del poder tributario en la Federación Canadiense: perspectivas para España", *Revista española de Derecho Financiero* num.139/2008 parte Estudios Editorial Civitas, SA, Pamplona.

Corriente Córdoba, J. A. (2000): "El hecho diferencial regional y su tratamiento en el Derecho Comunitario Europeo", Anuario de Derecho Internacional, nº XVI.

Checa González, C. (2008): *Propuestas para un nuevo modelo de financiación de las CCAA de régimen común, en materia de impuesto propios y cedidos*, Aranzadi, Cizur Menor.

Checa González, C. (2009): "Impuestos propios y cedidos a las Comunidades Autónomas: Su regulación en los nuevos Estatutos de Autonomía", *Impuestos*, núm.19.

Checa González, C. (2017): "Algunas cuestiones sobre la futura reforma del sistema de financiación autonómica", en *Cuestiones actuales de Derecho Tributario*, Homenaje a la profesora M. Fernández Junquera, Aranzadi, Navarra.

Checa González, C. (2001): *El sistema tributario local*, Aranzadi, Navarra.

Ciavarinni Azzi. G. (1994): "El modelo de integración específico de las Regiones ultraperiféricas de la Comunidad Europea", en *Canarias en la Comunidad Europea*, Fundación Pedro García Cabrera, Santa Cruz de Tenerife.

Conselleria Hisenda I Relacons Exteriors (2021): *Propuestas del Govern de les Illes Balears para la reforma tributaria*, 15 de julio de 2021.

Cordero González, E. Mª. (2008): "La distribución del poder tributario en la Federación Canadiense: perspectivas para España", *Revista española de Derecho Financiero* núm.139/2008 parte Estudios Editorial Civitas, SA, Pamplona.

Crawford, J. (1997): "Satate Practice and International Law in Relation to Unilateral Secession: Report, Departament of Justice", University of Gambridge.

Cruz Artacho, S. (2024): "La cuestión territorial en España: debate y problema histórico", en *La cuestión territorial en España*, Galera Victoria, A. (coord.), Comares, Granada.

De la Fuente, A. (2018): *Sobre la generalización del sistema de concierto*, FEDEA e Instituto de Análisis Económico (CSIC), Madrid.

De la Fuente, A. (2019): *Financiación autonómica: una breve introducción*, Estudios sobre la Economía Española, 2019/07, FEDEA e Instituto de Análisis Económico (CSIC), Madrid,

De la Fuente, A. (2024): *Las balanzas fiscales y algunas cuestiones relacionadas*, Apuntes 2024/19, julio de 2024, FEDEA, Madrid.

De Lucas, J. (2024): "Una presentación", en *Condiciones de la secesión en democracia (reflexiones a partir de la experiencia canadiense*, Tirant lo Blanch, Valencia, 2024.

Delgado Ramos, D., y Intxaustegi Jauregi, N. J. (2020): "República federal de Alemania", en Gordillo Pérez, L. I. (dir.), *Sistemas constitucionales europeos comparados*, Athenaica, Sevilla.

Del Molino, S.: *Contra la España vacía*, Alfaguara, Madrid, 2021.

Del Molino, S.: *La España vacía*, Viaje por un país que nunca fue, Turner, Madrid, 2016.

Dion, S. (2024): "Porqué los estados democráticos se oponen a la secesión unilateral", en *Condiciones de la secesión en democracia (reflexiones a partir de la experiencia canadiense*, Tirant lo Blanch, Valencia.

Entrena Cuesta, R. (1988): *Curso de Derecho Administrativo* (9ª edición). Tecnos, Madrid, 1988, V. I/II.

Eseverri Martínez, E., López Martínez, J., Pérez Lara, J. M, Damas Serrano, A. (2020): *Manual práctico de Derecho Tributario*, Tiran Lo Blanch, Valencia.

Falcón y Tella, R. (2000): *Los tributos cedidos y las competencias normativas de las Comunidades Autónomas*, Papeles de Economía Española (Corresponsabilidad Fiscal), núm. 83.

Falcón y Tella, R. (2000): "El sistema de financiación en los modelos de Estado: una visión general", en *El sistema de financiación territorial en el modelo de Estado español y alemán*, AA.VV., Ministerio de Administraciones Públicas, INAP.

Falcón y Tella, R. (2005): "En torno a la STS de 9 de diciembre de 2004 relativa a las normas forales de 1996 (II): régimen de ayudas y libertad de establecimiento", *Revista Quincena Fiscal* núm. 3/20054/2005, pág. 1

Fernández Junquera, M., y García-Ovies Sarandeses, I. (2016): "Una visión sobre la financiación autonómica", *Nueva fiscalidad*, núm. 4.

Fernós López-Cepero, M. J. (2020): "Evolución constitucional de Puerto Rico dentro del marco de la federación de Estados Unidos", en *Federalismo y Constitución* (Moreno Flórez, R. Mª, dir.), Dykinson, Madrid.

Ferrando Badía, J. (1997): "Corrientes doctrinales de descentralización política en la España de los siglos XIX y XX", Corts: Anuario de derecho parlamentario, ISSN 1136-3339, Nº. 3, 1997, págs. 17-40.

Ferreiro Lapatza, J. J. (1991): "Régimen jurídico de la financiación autonómica: la corresponsabilidad fiscal y la STC 150/1990, de 4 de octubre de 1990", *Revista de Hacienda Autonómica y Local* núm. 61.

Ferreiro Lapatza, J. J. (1989): "Análisis constitucional de la nueva Ley Reguladora de las Haciendas Locales", *RHAL*, núm. 55-56, 1989.

Fornieles Gil, A. (2007): "El principio de proporcionalidad y la fiscalidad de las regiones ultraperiféricas", *Hacienda Canaria*.

García de Enterría, E., y Fernández, T. R. (1982): *Curso de Derecho Administrativo* t. I, Madrid, Civitas.

García Martínez, A. (2012): *La autonomía tributaria de las entidades federadas en Bélgica*, Generalitat de Catalunya. Institut d'Estudis Autonòmics, Barcelona.

García Roca, J. (2000): "¿A qué llamamos, en Derecho, hechos diferenciales?", *Cuadernos de Derecho Público*, nº 11.

García Roca J. (ed.) (2014): *Pautas para una reforma constitucional. Informe para el debate*, Aranzadi, Cizur Menor.

García-Torres Fernández, Mª. J. (2012): "Reflexiones sobre el futuro Impuesto sobre Sociedades en Europa: retos de armonización y la BICCIS", Nueva Fiscalidad número 3.

García-Torres Fernández, Mª. J., y Linhares de Araújo, S. M. (2015): "Estudo Comparado Sobre A Imposicao Das Actividades Econômicas no Federalismo Fiscal: Guerra Fiscal do Icms no Brasil", en *Estado federal e guerra fiscal no direito comparado*, organizadores Machado Derzi, M. A.; Batista Junior, O. A.; Mendes Moreira, A.; Arraes Editores, Belo Horizonte.

Gobierno de España, MPT (2019): *Directrices Generales Estrategia Nacional frente al Reto Demográfico Estrategia Nacional Demográfico*, Madrid.

González Encinar, J. J. (1985): *El Estado unitario-federal: la autonomía como principio estructural del Estado*, Tecnos Madrid.

Gordillo Pérez, L. I. (2020): "Derecho comparado y Derecho Constitucional comparado", en *Sistemas constitucionales europeos comparados*, Gordillo Pérez, L. I. (dir.), Athenaica, Sevilla.

Guaita Martorell, A. (1972): "La división provincial y sus modificaciones", *DA-1972*, núm. 150.

Hélias, A. (2019): *Décentralisation: la «simplification du millefeuille territorial» au menu de l'exécutif*, Le Courrier Des Maires, 12/06/2019.

Hernández de Cos, P., y López Rodríguez, D. (2014): *Estructura impositiva y capacidad recaudatoria en España: un análisis comparado con la UE*, Documentos Ocasionales Nº 1406, Banco de España, Madrid.

Herrero y Rodríguez de Miñón, M. (1981): prólogo a *Fragmentos de Estado*, Jellinek, G., Civitas, Madrid.

Herrero de Miñón, M. (1996): *Nacionalismos y Estado plurinacional en España*, Política Exterior, Vol. 10, No. 51 (May - Jun, 1996).

Herrero y Rodríguez de Miñón, M. (1998): *Derechos Históricos y Constitución*, Taurus, Madrid.

Herrero y Rodríguez de Miñón, M: (2010): *El derecho constitucional a la plurinacionalidad*, revista Iura Vasconiae, núm.7.

Herrero y Rodríguez de Miñón (1997): "Hacia el Estado de la España grande (réplica a Ramón Parada)", *Revista de Administración Pública* núm. 142.

Hinojosa Arco, J. (2024): "Centralización y descentralización tributaria: consideraciones a la propuesta de una Agencia Tributaria propia para Cataluña", *Revista Quincena Fiscal* núm. 14/2024, consultado en www.aranzadigital.es

Hinojosa Torralvo, J. J. (1989): "Los tributos regionales extrafiscales, con especial referencia al Impuesto andaluz sobre Tierras infrautilizadas", *Impuestos*, nº 26.

Jáuregui Atondo, R. (2022): "La fiscalidad en la perspectiva de una Europa federal", en Molina del Pozo, C.F. (dir.), Saldaña Ortega, V. (coord.), *Hacia la construcción de un verdadero proyecto federal para la Unión Europea*, Universidad de Alcalá, Colex, A Coruña.

Jellinek, G., (1981): *Fragmentos de Estado*, Civitas, Madrid.

Jiménez de Asúa, L. (1931): Diario de Sesiones de las Cortes Constituyentes de la República Española, 27 de agosto de 1931.

Juliá, S. (2017): *Transición, Historia de una política española (1937-2017)*, Galaxia Gutenberg, Barcelona.

Juliana, E. (2017): "¿Naciones para todos?", en *Repensar la España plurinacional* (Ana Domínguez (ed.), Icaria, Barcelona.

Lago Montero, J. M. (2017): "Vías de reforma del sistema de financiación autonómica", en *La reforma de la financiación territorial* (López Martínez, J., y Pérez Lara, J. M., directores), Tirant lo Blanch, Valencia.

Lago Montero, J. M. (2020): "El Derecho Financiero frente a la despoblación en el medio rural", en A.A.V.V.: *Rural Renaissance: Derecho y medio rural*, Fernando Pablo, M. M. y Domínguez Álvarez, J. L. (dirs.) y Tomé Domínguez, P. M. (Coord.), Aranzadi, Pamplona.

Lago Peñas, S. y Martínez-Vázquez, J. (2010): *La descentralización tributaria en las Comunidades Autónomas de régimen común: un proceso inacabado*, Hacienda Pública Española, núm.192.

Lago Peñas, S., y Vaquero García, A. (2016): *Descentralización y sistema tributario: lecciones de la experiencia comparada*, Fundación Impuestos y Competitividad, Madrid.

López Aguilar, J. F. (1997): "Constitución, autonomía y hecho diferencial. El Estado autonómico y el hecho diferencial constitucionalmente relevante", *Cuadernos de Derecho público*, núm. 2, Instituto Nacional de Administración Pública (INAP).

López Basaguren, A., (2024): "La distribución de competencias en el sistema autonómico: la necesidad de una reforma", en Galera Victoria, A. (coord.), *La cuestión territorial en España (Un debate histórico, político y constitucional necesario)*, Comares, Granada.

López Basaguren, A. (2024): "Un Estado fiscalmente debilitado", IDEAL, 2 de agosto de 2024.

Máiz, R. (2018): *Nacionalismo y federalismo, Una aproximación desde la teoría política*, Siglo XXI, Madrid.

Martos García, J. J. (2017): "Federalismo fiscal y Constitución española", en *La reforma de la financiación territorial* (López Martínez, J., y Pérez Lara, J.M., dirs.), Tirant lo Blanch, Valencia.

Martos García, J. J. (2016): "Financiación Autonómica y propuestas de reforma de la Constitución Española", *Quincena Fiscal*, núm. 4, consultado en www.aranzadidigital.es

Martos García, J. J. (2014): *Desigualdad tributaria interregional. Análisis constitucional y propuesta para limitarla*, Quincena Fiscal, núm. 21.

Medina Guerrero, M. (2015): "Los problemas de la normativa reguladora del vigente sistema de financiación", en *La viabilidad financiera del Estado Autonómico a debate*, Fundación Pública Andaluza Centro de Estudios Andaluces, Consejería de la Presidencia, Junta de Andalucía, Sevilla.

Merino Jara, I. (2006): *La STJCE favorable a los regímenes forales*, Jurisprudencia Tributaria Aranzadi, núm. 15/2006.

Mises, L. von (2011): *Liberalismo. La tradición clásica*, Unión Editorial, Madrid.

Molina del Pozo, C. (2022): "El impulso de las regiones en la Unión Europea como elemento federalizante", en Molina del Pozo, C.F. (dir.), Saldaña Ortega, V. (coord.), *Hacia la construcción de un verdadero proyecto federal para la Unión Europea*, Universidad de Alcalá, Colex, A Coruña.

Monasterio Escudero, C., Zubiri Oria, I. (2024): *Guía para navegantes del pacto catalán*, El País, 2 de septiembre de 2024.

Montilla Martos, J. A. (2016): "La financiación autonómica en la reforma constitucional", en *Repensar la Constitución. Ideas para una reforma de la Constitución de 1978:*

reforma y comunicación dialógica. Parte primera (Freixes Sanjuán, T; Gavara De Cara, J. C. (coordinadores), Boletín Oficial del Estado BOE, Madrid.

Morón Pérez C. (2016): "El régimen fiscal de las Ciudades Autónomas de Ceuta y Melilla: Presente y futuro", *Crónica Tributaria*, Instituto de Estudios Fiscales, Madrid.

Morón Pérez C. (2005): "El Impuesto sobre la Producción, los Servicios y la Importación (I): Gravamen de las operaciones interiores localizadas en Ceuta", en Gómez Cabrera, C. (dir.): *El régimen fiscal de la Ciudad Autónoma de Ceuta (estudio de un privilegiado, pero desconocido régimen impositivo)*, Interservicios, Ceuta, 2005.

Muñoz Machado, S. (2007): *Derecho Público de las Comunidades Autónomas*, Iustel, Madrid.

Navarro Gómez, R. J. (2023): "Comentarios sobre el nuevo Régimen Fiscal Especial de las Illes Balears", *Nueva Fiscalidad* número 4, Octubre-Diciembre.

Ortega y Gasset, J. (2014): *España invertebrada y otros ensayos*, Madrid, Alianza Editorial.

Ortega y Gasset, J. (2005): "Discurso sobre "Proyecto de Constitución" pronunciado en las Cortes Constituyentes el 4 de septiembre de 1931", en *Obras Completas*, tomo IV, Madrid, Taurus-Santillana.

Ovejero, F. (2021): *Secesionismo y democracia*, Página Indómita, Barcelona.

Peces Barba, G. (1978): Diario de Sesiones del Congreso, 4 de julio de 1978.

Peces Barba, G. (1988): *La elaboración de la Constitución de 1978*, CEC, Madrid.

Pedrós Abelló, A. (1993): "La visión del contribuyente de la cesión de tributos a las CCAA", en AA.VV., *Seminario sobre el papel de los tributos cedidos en la financiación autonómica: un balance*, Quaderns de Treball, núm. 41, Generalitat de Catalunya, Institut d'Estudis Autonòmics, Barcelona.

Pérez Lara, J. M. (2023): "Análisis y consideraciones sobre las medidas fiscales adoptadas por algunas CCAA de régimen común en relación con los impuestos estatales cedidos, IRPF e ITPyAJD", en Sánchez Galiana, J. A. (dir.), *Estudios sobre las finanzas públicas ante la España despoblada*, Tirant lo Blanch, Valencia.

Pérez Miras, A. (2017): "La dimensión territorial de la Unión Europea: una premisa para su construcción jurídica", en *Constitución e integración europea (forma política, gobernanza económica, organización territorial*, Dykinson, Madrid.

Pérez Tapias. J. A. (2017): "La cuestión de las naciones en el Estado español", en *Repensar la España plurinacional* (Ana Domínguez (ed.), Icaria, Barcelona.

Pérez Zúñiga, J. M.ª (2018): *Alternativas al sistema de financiación de las CCAA: hacia un nuevo modelo de organización territorial del Estado*, Aranzadi, Pamplona.

Pérez Zúñiga, J. M.ª (2021): *Estado autonómico y federal*, Aranzadi, Pamplona.

Pérez Zúñiga, J. M.ª (2022): "El donativo del emigrante: una propuesta de financiación para la España vacía", *Quincena Fiscal* nº 22.

Pérez Zúñiga, J. M.ª, (2023): "Tributos de las comunidades autónomas para la España despoblada. Propuesta modelo impuesto japonés para la España despoblada", en Sánchez Galiana, J. A. (dir.), *Estudios sobre las finanzas públicas ante la España despoblada*, Tirant lo Blanch, Valencia.

Pérez Zúñiga, J. M.ª (coord.), Morón Pérez, C., y Sellam Mohamed, A. (2023): *El régimen fiscal de las ciudades autónomas de Ceuta y Melilla*, Tirant lo Blanch, Valencia.

Pérez Zúñiga, J. M.ª, y Sellam Mohamed, A. (2024): "Sistema de financiación de la Ciudad Autónoma de Melilla e Implicaciones de su entrada en la Unión Aduanera", en *Presente y futuro de Melilla: Estrategias de gobernanza y políticas públicas*, Dikynson.

Pi i Margall, F., *Las Nacionalidades*, (Máiz, R., ed.) Madrid, Akal, 2009.

REAF Asesores Fiscales (2022): *Panorama de la fiscalidad autonómica 2022*, Servicio de Estudios del Consejo General de Economistas de España, Madrid.

Rodrigues Canotilho, M. (2010): "El sistema constitucional de Portugal", *Revista de derecho constitucional europeo*, ISSN 1697-7890, Nº. 14, 2010.

Rodríguez Mejías, M. D. y otros (2002): "Los costes de ultraperiferia de la economía canaria", en *Revista de Hacienda Canaria*, nº 2, octubre de 2002.

Rodríguez Bereijo, A. (2007): *Descentralización política y descentralización fiscal: la experiencia española*, Repertorio Aranzadi del Tribunal Constitucional, núm. 20.

Rodríguez Bereijo, A. (1985): "Una reflexión sobre el sistema general de la financiación de las Comunidades Autónoma", *Revista Española de Derecho Constitucional* núm. 15.

Rojo Salgado, A. (2005): "La experiencia del Estado regional en Europa: un referente para el caso español", *Revista de Estudios Políticos (nueva época)*, ISSN: 0048-7694, núm. 127, Madrid, enero-marzo 2005.

Romero, J. M. (2024): *Cataluña, motor de las reformas aprobadas en democracia para mejorar la financiación de las autonomías*, Romero, J. M, El País, 19 de junio de 2024.

Ruiz Almendral, V. (2004): *The Asymmetric Distribution of Taxation Powers in The Spanish State of Autonomies: The Common System and the Foral Tax Regimes*, Regional and Federal Studies, Vol. 13, núm. 4, págs. 41-66, published by Frank Cass, London.

Sánchez Agesta, L. (1981): *El sistema político de la Constitución española de 1978. Ensayo de un sistema*, segunda edición, Ed. Nacional, Madrid.

Sánchez Galiana, J. A. (2023): "Presentación" del libro Sánchez Galiana, J.A. (dir.), *Estudios sobre las finanzas públicas ante la España despoblada*, Tirant lo Blanch, Valencia.

Schmitt, C. (1928): *Verfassungslehere*, Duncker&Humblot, Berlín.

Simón Acosta, E. (1998): "Fuentes de ingresos en los regímenes forales", *Manual General de Derecho Financiero*, Tomo Cuarto, Volumen I, Hacienda Autonómica General y foral, Lasarte, J, (coordinador), Comares, Granada.

Solozábal Echevarría, J. J. (1980): "Nación, nacionalidades y autonomías en la Constitución de 1978. Algunos problemas de la organización territorial del Estado", en *Sistema*, número 38-39.

Sousa Santos Aguiar, N. T. (2006): "El sistema tributario local en Portugal", *Revista Tributos Locales* nº 60, marzo de 2006.

Urkullu, I. (2017): *Riesgo unilateral y solidaridad*, El País, 4 de diciembre de 2017.

Vandelli, L. (1982): *El ordenamiento español de las Comunidades Autónomas*, Instituto de Estudios de Administración Local, Madrid.

VV.AA. (2017): *Informe de la Comisión de Expertos para la revisión del Modelo de Financiación Autonómica*, Ministerio de Hacienda y Función Pública, Madrid.

Weber, M. (1984): *Economía y sociedad. Esbozo de una sociología comprensiva*, Fondo de Cultura Económica, México, 1984

Zubiri, I. (2007): "Los sistemas forales: características, resultados y su posible generalización", en Lago, S. (ed.), *La financiación del Estado de las Autonomías: perspectivas de futuro*, Estudios de Hacienda Pública, Instituto de Estudios Fiscales, Madrid.

Zubiri, I. (2000): "La capacidad normativa de las comunidades forales. Su extensión al resto de Comunidades Autónomas", *Papeles de Economía*, núm. 83.